期货投资者必读系列丛书

主编　胡俞越

国债期货

谭显荣 等／编著

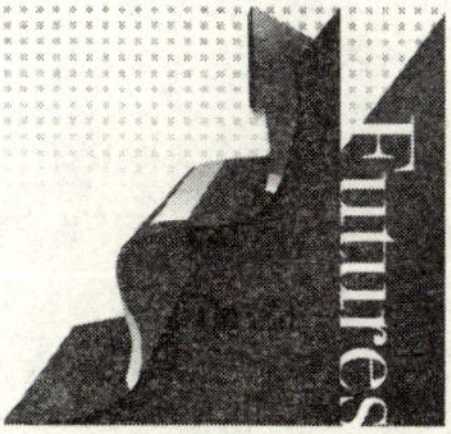

中国财政经济出版社

图书在版编目（CIP）数据

国债期货/谭显荣等编著．—北京：中国财政经济出版社，2013.6

（期货投资者必读系列丛书）

ISBN 978-7-5095-4507-2

Ⅰ.①国…　Ⅱ.①谭…　Ⅲ.①国债市场-期货交易-基本知识-中国　Ⅳ.①F832.5

中国版本图书馆CIP数据核字（2013）第098762号

责任编辑：贾延平　耿　伟　　　　责任校对：王　英

封面设计：田　晗　　　　　　　　版式设计：董生萍

中国财政经济出版社出版

URL：http：//www.cfeph.cn

E-mail：cfeph@cfeph.cn

社址：北京市海淀区阜成路甲28号　邮政编码：100142

营销中心电话：88190406　北京财经书店电话：64033436　84041336

北京财经印刷厂印刷　各地新华书店经销

880×1230毫米　32开　7.125印张　144 000字

2013年6月第1版　2013年6月北京第1次印刷

定价：18.00元

ISBN 978-7-5095-4507-2/F·3649

（图书出现印装问题，本社负责调换）

质量投诉电话：88190744

反盗版举报热线：88190492、88190446

编著者名单

谭显荣　李　富　方　媛
王　旺　钟哨锋　黄骏飞

目　录

国债与国债期货

中国金融期货交易所（简称中金所）于2012年2月13日正式启动国债期货仿真交易，平稳运行至今，这意味着在我国金融史上曾引发巨大争议的金融衍生品重新回归中国资本市场的步伐越来越近。国债期货一旦上市，将对我国金融市场产生深远影响。本部分简要介绍了投资者参与国债期货市场必须了解的一些基础知识，包括国债的基本概念、种类及功能。同时，介绍了我国国债市场的交易制度和国债市场的发展现状，通过国债现货和期货的简单比较帮助投资者初步认识国债期货这一交易方式。

我国国债市场基础

1. 什么是国债

国债是建立在商品信用经济基础上的国家债务的简称。国家为实现其职能向公众借债，并承诺在一定时期内按约定的条件，支付利息并归还本金。国债的发行主体是中央财政部，其实质是国家为筹集资金向投资者出具的书面借款凭证，或中央政府和财政部向公众发行的负债凭证。

我国国债专指财政部代表中央政府发行的国家公债，以国家财政信誉为担保，由于信誉度较高，素有“金边债券”之称，稳健型投资者青睐于投资国债，以期取得安全的收益。目前，我国国债品种主要有面向银行、国债一级自营商等机构投资者发行的记账式国债，也有面向广大个人投资者发行的凭证式国债和无记名国债。

国债是由国家发行的债券，是中央政府为筹集财政资金而发行的一种政府债券，是中央政府向投资者出具的、承诺在一定时期支付利息和到期偿还本金的债权债务凭证。国债的发行主体是国家，所以它具有最高的信用度，被公认为是最安全的投资工具。

2. 国债的功能与特点

(1) 国债的功能。用发行国债来代替发行货币筹措资金支援国家建设，在发达国家较为常见。发行国债除了筹资功能以外，还可以满足经济和宏观调控的政策需求。国债的这种调控功能是由其自身属性决定，不以人的意志为转移的内在功能。虽然西方经济学派对国债功能研究也在不断发展，凯恩斯学派下的需求管理政策也颇有争议，但我们认为，在市场经济体制下，国债在弥补财政赤字、调节季节性余缺资金、形成市场基准利率等方面具有重大意义。

①弥补财政赤字。弥补财政赤字是国债最基本的功能。就一般情况而言，造成政府财政赤字的原因大体有以下两点：一是经济衰退；二是自然灾害。政府财政赤字一旦发生，就必须想办法予以弥补。在市场经济体制下，其弥补的方式主要有三种：增加税收、增发货币和举借国债。其中，第一种方式不仅不能迅速筹集大量资金，而且重税会影响生产者的生产积极性，进而会使国民经济趋于收缩，税基减少，赤字有可能会更大；第二种方式则会大幅增加社会的货币供应量，会导致无度的通货膨胀，并打乱整个国民经济的运行秩序；第三种方式则是最可行的办法，因为发行国债筹资仅是社会资金使用权的暂时转移，在正常情况下，一般不会招致无度的通货膨胀，同时还可迅速、灵活、有效地弥补财政赤字，所以举借国债是当今世界各国政府作为弥补财政赤字的一种最基本也是

最通用的方式。

②对财政预算进行季节性资金余缺的调剂。利用国债，政府还可以灵活调剂财政收支过程中所发生的季节性资金余缺。政府财政收入在1年中往往不是以均衡的速率流入国库的，而财政支出则往往以较为均衡的速率进行。这就意味着，即使从全年来说政府财政预算是平衡的，在个别月份也会发生相当的赤字。为保证政府职能的履行，许多国家都会把发行期限在1年之内（一般几个月，最长不超过52周）的短期国债，作为一种季节性的资金调剂手段，以求解决暂时的资金不平衡。

③宏观调控功能。一国中央银行作为国家货币政策的制定与实施部门，主要依靠存款准备金率、公开市场业务、再贴现利率等政策工具进行宏观经济调控。其中，公开市场业务是指中央银行通过在证券市场上买卖国债等有价证券，从而调节货币供应量，实现宏观调控的重要手段。在经济过热、需要减少货币供应时，中央银行卖出债券，收回金融机构或公众持有的一部分货币从而抑制经济的过热运行；当经济萧条、需要增加货币供应量时，中央银行便买入债券增加货币的投放。

④形成市场基准利率。利率是整个金融市场的核心价格，对股票市场、期货市场、外汇市场等市场上金融工具的定价均产生重要影响。国债是一种收入稳定、风险极低的投资工具，这一特性使得国债利率处于整个利率体系的核心环节，成为其他金融工具定价的基础。国债的发行与交易有助于形成市场基准利率。

国债的发行将影响金融市场上的资金供求状况，从而引起利率的变化。在国债市场充分发展的条件下，某种期限国债发行时的票面利率就代表了当时市场利率的预期水平，而国债在二级市场上交易价格的变化又能够及时地反映出市场对未来利率预期的变化。

⑤作为财政政策和货币政策配合的结合点。首先，扩大国债的发行规模是国家实施积极财政政策的主要手段。1998 年 8 月，为保证经济增长率达到 8%而增发 2700 亿元特种国债就是一个很好的例子。

其次，国债，特别是短期国债，是中央银行（简称央行）进行公开市场操作唯一合适的工具。国债的总量、结构对公开市场操作的效果有重要的影响。如果国债规模过小，央行在公开市场上的操作对货币供应量的控制能力就非常有限，不足以使利率水平的变化达到央行的要求；如果国债品种单一，持有者结构不合理，中小投资者持有国债比例过大，公开市场操作就很难进行。

⑥作为机构投资者短期融资的工具。国债的信用风险极低，机构投资者之间可以利用国债这种信誉度最高的标准化证券进行回购交易来达到调节短期资金的余缺、套期保值和加强资产管理的目的。

（2）国债的特点。由于国债是国家信用的基本形式，国家以债务人身份通过发行政府债务筹集资金形成了国家筹资信用，所有国债的特点多是基于此。一般来说，国债具有以下特点：

①安全性高。国债的发行主体是国家，它的发行以国家信用作保证。持有人不必担心本息的偿还，因

此它具有很高的信用度，是最安全的投资工具。

②流动性强。国债持有人并没有必要将国债持有到期，如临时急需资金，完全可以将国债在二级市场卖出。短期国债更是具有极强的流动性，被认为具有“准货币”的性质。

③税负低。某些国家税法明确规定，投资于某些形式的国债可以享受税收优惠，甚至于完全免税。如日本税法就规定，购买减息国债不仅可以享受小额储蓄免税，而且还可以得到特别的储蓄免税等。在我国，购买国债也可以免交利息税和个人所得税。

④应用广。国债能满足不同团体、金融机构及个人的需要。典型的表现是国债广泛地被用于抵押和保证，在许多交易发生时，国债可以作为无现金交纳的保证，此外，国债还可以作为担保获取贷款等。

3. 我国市场上目前国债的种类

（1）按发行区域分。国债按发行区域可分为内债和外债。国内国债是国家在本国境内向居民、企事业单位、金融机构、机关团体等发行的债券，简称为内债。国外国债是国家在境外向居民、企事业单位、金融机构、机关团体及外国政府发行的债券，简称为外债。内债和外债形成一国国债的总额。按照这种分类方法，可以明确区分债务收入的资金来源。

（2）按流通性质分。国债按流通性质可分为可上市国债和不可上市国债。可上市国债是指可以通过国债二级市场交易转让的国债。此类国债流通性好、变现能力强，是政府筹资的主要工具之一，对投资者具有很大的吸引力。目前，各国发行的上市国债占全部国债比重在70%左右。不可上市国债是针对机构投资者和个人投资者发行的债务工具。不可上市国债不可上市，能避免市场价格波动的损失，因此国债市场投资经验欠缺的投资者一般会购买此类国债，持有至到期。

（3）按偿还期限分。国债按偿还期限可分为短期、中期和长期国债。短期国债指的是政府为解决短期资金发行的一年以内的国债，又称国库券。短期国债投资风险小、期限短，既可以贴现，也可以在市场上出卖变现，其流动性较强，相当于准货币。

中期国债期限在1~10年，与短期国债的区别仅在于期限。中期国债是弥补财政赤字的重要手段，一般由经过若干年形成的财政盈利来还本付息。对投资者而言，中期国债同样具备短期国债的信用高、风险小、免交利息税等优势，只是它的流动性稍差一些。

长期国债期限在10~30年之间或更长。长期国债与短期和中期国债最大的区别在于，它可以直接作为某些重点公共项目或基础建设的资金来源，在国债中具有比较特殊的地位。短期国债一般被视为货币市场工具，即中央银行进行公开市场业务活动的重要工具。中央银行可以通过买卖短期国债来影响全国的货币供应量，调节货币市场利息率，从而实现对经济的宏观控制；而中期国债则被视为资本市场工具，在资本市场上具有极其重要的地位。长期国债由于期限长、发行量大，是基准利率最直接的表达。

（4）按利息支付方式分。国债按利息支付方式可分为零息国债、附息国债和贴现国债。零息国债是指只有在到期日才能领取本金和利息的债券，也可称为到期付息债券。我国居民手中持有的绝大部分债券都是零息债券。其付息特点是利息一次性支付和国债到期时支付。

附息国债，是指债券券面上附有息票，以一年或半年的频率，按息票利率支付利息。我国 1993 年第一次发行附息国债，现在已经成为我国国债的一个重要品种。无记名式附息国债附有息票，凭息票每年（半年或季）领息；记账式无纸化附息国债无息票，可凭证券账户在分期付息的付息日期内领取利息。附息国债也有规定的票面利率，每次的利息额（以按年取息为例）等于面值与票面利率的乘积。需要指出的是，附息国债票面利率与相同期限的零息国债相比要低一些。

贴现国债，是指券面上不含利息或不附有息票，而是在发行国债时采用贴现方式。贴现国债发行价格与票面额的差额即为所得利息。从利息支付方式来看，贴现国债以低于面额的价格发行，可以看做是利息预付，因而又可称为利息预付债券。贴现国债一般期限较短，我国 1996 年推出贴现国债品种。根据财政部 1997 年的规定，期限在 1 年以内（不含 1 年）、以贴现方式发行的国债归入贴现国债类别，期限在 1 年以上、以贴现方式发行的国债归入零息国债的类别。

（5）按实物形态分。国债按实物形态可分为无记名式（实物）国债、凭证式国债和记账式国债。

我国政府除了有规律性地发行适度规模的普通型国债以外，还不定期地发行一定数量的特殊型国债。普通型国债主要可分为凭证式国债、记账式国债、无记名（实物）国债、电子储蓄国债。特殊型国债主要有定向债券、特种国债和专项国债等几种。

①无记名式国债。无记名式国债是一种票面上不记载债权人姓名或单位名称的债券，通常以实物券形式出现，又称实物券或国库券。实物债券是一种具有标准格式实物券面的债券。在我国现阶段的国债种类中，无记名国债就属于这种实物债券，它以实物券的形式记录债权、面值等，不记名、不挂失、可上市流通。我国在20世纪50年代发行的国债和从1981年起发行的国债主要是无记名式国库券。无记名式国库券的一般特点是：不记名、不挂失，可以上市流通。由于不记名、不挂失，其持有的安全性不如凭证式和记账式国库券的安全性高，但购买手续简便。同时，由于可上市转让，流通性较强。上市转让价格随二级市场的供求状况而定，当市场因素发生变动时，其价格会产生较大波动，因此具有获取较大利润的机会，同时也伴随着一定的风险。一般来说，无记名式国库券更适合金融机构和投资意识较强的购买者。

②凭证式国债。凭证式国债，是指国家采取不印刷实物券，而用填制“国库券收款凭证”的方式发行的国债。我国从1994年开始发行凭证式国债。凭证式国债具有类似储蓄又优于储蓄的特点，通常被称为“储蓄式国债”，是以储蓄为目的的个人投资者理想的投资方式。与储蓄相比，凭证式国债的主要特点

是安全、方便、收益适中，具体包括：

• 凭证式国债发售网点多，购买和兑取方便，手续简便；可以记名挂失，持有的安全性较好。

• 利率比银行同期存款利率高 1～2 个百分点（但低于无记名式和记账式国债），提前兑取时按持有时间采取累进利率计息。

• 凭证式国债虽不能上市交易，但可提前兑取，变现灵活，变现的地点就近。投资者如遇特殊需要，可以随时到原购买点兑取现金。

• 利息风险小，提前兑取按持有期限长短，取相应档次利率计息，各档次利率均高于或等于银行同期存款利率，没有定期储蓄存款提前支取只能按活期储蓄计息的风险。

• 没有市场风险，凭证式国债不能上市，提前兑取时的价格（本金和利息）不随市场利率的变动而变动，可以避免市场价格风险。

因此，购买凭证式国债不失为一种安全、灵活、收益适中的理想的投资方式，是集国债和储蓄的优点于一体的投资品种。凭证式国债可就近到银行各储蓄网点购买。

③记账式国债。记账式国债，是指国债的买卖双方均在银行开立账户，银行作为中介机构根据买卖双方的协议，进行此付彼收的记账过程来实现国债的发行、流通和兑付。它主要是针对金融意识较强的个人投资者以及有现金管理需求的机构投资者进行资产保值、增值的要求而设计的国债品种，投资者将其托管在指定券商的席位上，便于流通交易，变现能力强，

不易丢失，还可以通过低买高卖获得高额利润。

在我国，上海证券交易所和深圳证券交易所已为证券投资者建立电脑证券账户，因此，可以利用证券交易所的系统来发行债券。近年来，我国通过上海证券交易所和深圳证券交易所的交易系统发行和交易的记账式国债就是这方面的实例。如果投资者进行记账式债券的买卖，就必须在证券交易所设立账户。所以，记账式国债又被称无纸化国债。

可见，记账式国债具有成本低、收益好、安全性好、流通性强的特点。无记名式、凭证式和记账式三种国债相比，各有其特点。在收益性上，无记名式和记账式国债要略好于凭证式国债。通常，无记名式和记账式国债的票面利率要略高于相同期限的凭证式国债。在安全性上，凭证式国债略好于无记名式国债和记账式国债，后两者中记账式国债的安全性又略好一些。在流动性上，记账式国债略好于无记名式国债，无记名式国债又略好于凭证式国债。

记账式国债发行和流通过程见图 1。

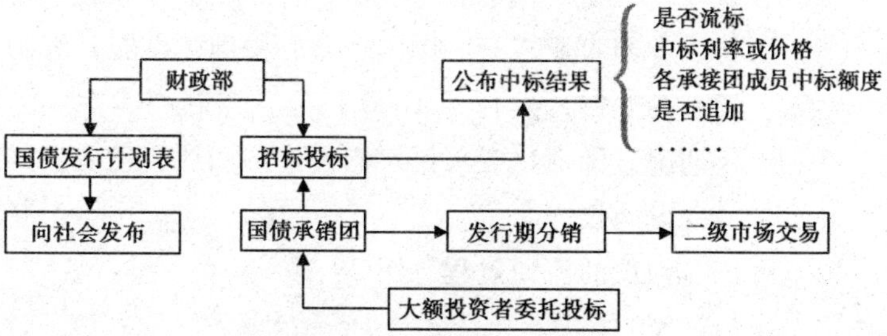

图 1　记账式国债发行和流通过程

④电子储蓄国债。储蓄国债，是指政府面向个人投资者发行，以吸收个人储蓄资金为目的，满足长期储蓄性投资需求的不可流通记名国债品种。电子储蓄国债就是以电子方式记录债权的储蓄国债品种。与传统的储蓄国债相比较，电子储蓄国债的品种更丰富，购买更便捷，利率也更灵活。由于其不可交易性，决定了任何时候都不会有资本利得。这一点与现有的凭证式国债相同，主要是鼓励投资者持有到期。

⑤定向债券。为筹集国家建设资金，加强社会保险基金的投资管理，经国务院批准，由财政部采取主要向养老保险基金、待业保险基金（简称“两金”）及其他社会保险基金定向募集的债券，称为“特种定向债券”，简称“定向债券”。

⑥特别国债。经第八届全国人大常委会第30次会议审议批准，财政部于1998年8月向四大国有独资商业银行发行了2700亿元长期特别国债，所筹集的资金全部用于补充国有独资商业银行资本金。

⑦专项国债。经第九届全国人大常委会第四次会议审议通过，财政部于1998年9月面向中国工商银行、中国农业银行、中国银行和中国建设银行等四家国有商业银行发行了1000亿元、年利率5.5%的10年期附息国债，专项用于国民经济和社会发展急需的基础设施投入。

国债的流通过程见图2。

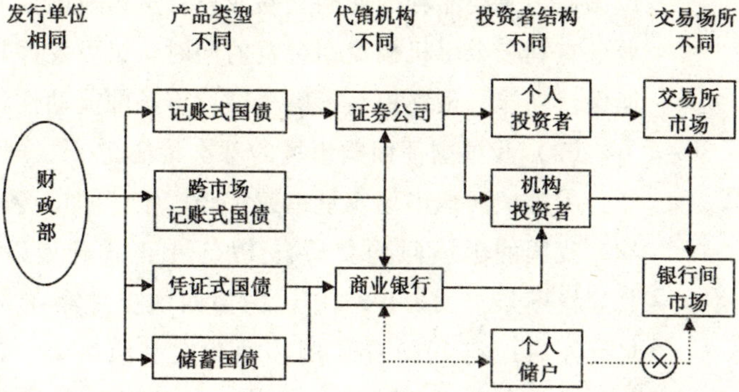

图 2　国债的流通过程

4. 回购制度

国债回购交易，也称国债的现货交易，是指进行国债回购交易的市场，即卖出债券，并附加条件，在一段时间之后，以预定的价格和收益，由最初出售者买回债券。

（1）回购制度的发展历史。我国的国债回购交易始于 1991 年，时值上海证券交易所和全国证券交易自动报价系统（STAQ 系统）成立不久，跨地区、有组织、规范化的国债交易刚刚起步。为发展我国国债市场，活跃国债交易，引导短期资金的流通，填补规范同业拆借所产生的资金缺口，为证券市场提供一种新的融资方式和投资方式，经过一段时期的准备，STAQ 系统于 1991 年 7 月宣布试办国债回购交易。

1993 年 12 月 15 日，上海证券交易所发布了《关于国债交易专场回购业务的通知》，正式开办了以国债为主要品种的回购交易业务。交易所国债回购业务有利于金融机构短期融资的同时，又可发挥其套期保值功能，最终提高了整个国债市场的流动性。

（2）我国国债回购市场的基本特征。

①国债回购市场容量迅速扩张，银行间市场成主导。我国的国债回购交易自 1993 年正式开展以来，其规模逐年扩大。1994 年，国债回购交易额在 3400 亿元左右；到 2010 年，国债回购交易额达 29.42 万亿元，占我国国债市场交易总额的 79%，年均增长率高达 32%。其中，银行间市场达 22.63 万亿元，交易所市场达 6.79 万亿元。国债回购已经成为我国国债市场最重要的融资手段，直接促进了国债市场的发展，并为资本市场的发展提供了强大的资金支持。

②国债回购期限品种逐步多样，短期回购最活跃。我国国债回购交易分为买断式回购和质押式回购两种方式，以质押式国债回购为主，历年占我国国债回购市场交易总额的比重均在 98% 以上。买断式国债回购交易自 2004 年才正式推出，经过一段时期的发展，交易面额和笔数均大幅提高，市场占有比重略有增长。目前，全国银行间市场国债回购期限最短的是 1 天，最长的是 1 年。其中，质押式回购包括 13 个回购品种，买断式回购品种为 9 个。上海证券交易所新质押式和买断式回购的回购期限均分为 1 天、2 天、3 天、4 天、7 天、14 天、28 天、91 天和 182 天 9 个品种。深圳证券交易所质押式国债回购也包括以上 9 个品种。

③国债回购场内外市场存利差。目前，我国的场

内外国债回购交易市场的风险大致相同，但两个市场的走势却迥然不同，两个市场间存在一定利差。银行间市场国债回购利率波动较为平稳，交易所国债回购利率由于受新股发行、资金市场供求等因素影响，呈现不规则的大幅波动。从两个市场的参与主体看，银行间回购市场的主体是商业银行，其交易需求主要是弥补金融机构头寸不足，商业银行不允许进入交易所回购市场；交易所国债回购市场的主体是非银行金融机构和企业，市场主体的大多数隔离在银行间市场外。交易所市场主体的交易需求部分是弥补短期资金不足，更主要的方面是获取新股申购资金。1999 年允许部分证券公司和基金管理公司进入银行间市场后，场内外市场分割局面虽有所改善，却并未被彻底打破，这是导致两个市场利差形成的重要原因。

（3）国内回购制度存在的问题。由于中国国债回购市场起步较晚，回购市场体系发育不健全，回购市场在快速发展的同时，也存在许多问题，主要体现在以下几个方面。

①市场分割现象严重。目前，中国存在三个相互独立的国债回购市场体系，各自具有不同特色的托管系统、交易系统和清算系统。回购交易市场的分割必然造成以下几个方面的问题：第一，增加交易成本，违反市场经济的效率原则，不利于资源在全国范围内有效配置；第二，加剧市场利率的波动，助长市场的投机。不同的回购市场产生不同的回购市场利率，容易造成部分交易主体利用利差在不同的市场间进行套利投机。在市场规模不足的情况下，这种投机必然会

造成市场利率的波动，不利基准利率形成和市场的稳定。

②无法形成债券市场的基准利率。基准利率，是指金融市场上所有金融产品价格所参考的依据利率，是资金市场上公认的被普遍接受的具有参考价值的利率。作为基准利率具有三个特点：其一，市场性，利率的高低是由市场资金的供求关系所决定的；其二，相对稳定性，基准利率作为其他利率的参考标准，必须保持相对稳定，否则会引起利率体系的混乱，不能正确地引导资金流向和促进社会资源的有效分配；其三，具有普遍的参考意义，该利率的走势，能够有效地影响其他利率的走势，成为其他利率走势的依据和标准。

③融资功能突出，传导货币政策功能弱化。在西方三大货币政策工具中，公开市场操作是最常用的一种工具，公开市场操作的有效实施依赖于其国债市场发育与完善。近年来，西方国家普遍通过国债回购市场来进行公开市场操作，它不仅能够及时调控国债基准利率的变化，引导短期资金的流向，而且具有时滞短、宣示效果强的优点。中国国债回购市场发展仍停留在初级短期融资阶段，传导货币政策的功能较弱。当然，回购市场传导货币政策功能偏弱与国债市场体系不健全、商业银行体制有待进一步深化等有密切的关系。因此，如何能够通过市场化的改革来完善和强化国债回购市场传导货币政策的功能，已成为当今金融界面临的重要课题。

美国公开市场操作过程见图 3。

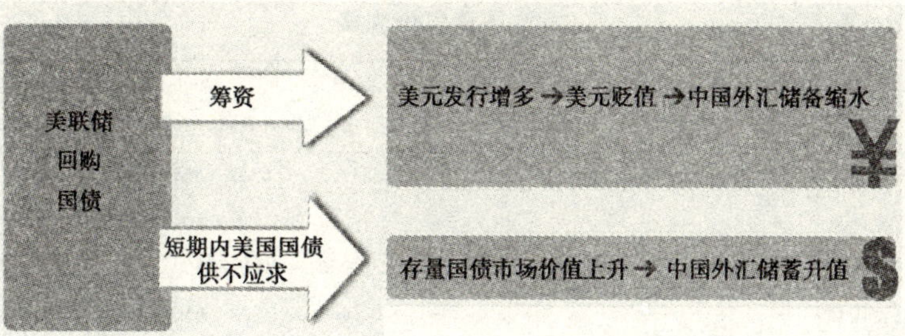

图3　美国公开市场操作过程

④市场规模不足。中国回购市场虽然经过了十几年的发展，有了长足的进步，但市场规模仍然偏小，主要体现在：第一，中国国债发行量太小。国债发行规模不足，直接限制了国债回购市场的发展与壮大。第二，从国内市场结构看，国债回购市场以上海证券交易所为主，银行间的回购市场的交易主体虽然包括了中国所有的商业银行，但成交规模却不断萎缩。因此，国债一级市场发行量不足和回购市场成交不活跃成为制约中国国债回购市场发展的主要因素。

我国国债市场的现状

1. 交易情况

近年来，我国国债发行情况见表1。

表 1　　我国国债发行规模

	2000年	2001年	2002年	2003年	2004年	2005年	2006年	2007年	2008年	2009年	2010年
记账附息	2720	3354	4461	3775.5	4366	5042	6533.3	6347	6665	8831.7	11472.5
记账贴现	—	—	—	—	—	—	—	—	—	3886.4	3109.4
凭证式	1937	1530	1473	2504.6	2510	2000	1950	1600	1300	2000	1900
储蓄国债	—	—	—	—	—	—	400	34	650	1511.1	1400
特别国债	—	—	—	—	—	—	—	11502.2	—	—	—
总量	4657	4884	5934	6280.1	6876	7042	8883.3	23484.2	8615	16229.2	17881.9

2011 年，中国继续实施积极的财政政策，但因凭证式国债和贴现国债等品种发行规模减少，全部国债发行量为 1.54 万亿元人民币，较 2010 年减少逾一成。2012 年的前两个月银行间债券市场累计发行 7152 亿元，同比增加 1.4%。2 月份，银行间债券市场发行债券 5308.7 亿元，较 1 月份增加约 1.8 倍。截至 2 月底，债券市场债券托管量为 22.5 万亿元，其中银行间债券市场债券托管量为 21.9 万亿元。前两个月，银行间债券市场发行的债券以 5 年期（含）至 10 年期债券为主。2 月份，5 年期以下债券比重有所下降，5 年期（含）至 10 年期债券发行比重有上升。

同业拆借市场总体运行平稳，交易量累计为 5.3 万亿元，同比增加 61.6%。2 月份同业拆借市场累计成交 3.3 万亿元，较 1 月份增加 59.9%。交易品种仍以 1 天为主，共成交 2.8 万亿元，占本月全部拆借成交量的 84.8%。2 月份，同业拆借利率较 1 月份有较大幅度回落。同业拆借加权平均利率为 3.38%，较 1 月份下降 99 个基点。2 月 29 日，7 天拆借加权平均利率为3.54%，较1月末下降81个基点。

回购市场交易相对活跃，债券质押式回购成交16.4万亿元，同比增加35.2%。2月份，债券质押式回购成交量为9.6万亿元，较1月份增加42.4%。交易品种仍以1天为主，共成交7.2万亿元，占本月全部质押式回购成交量的75.1%。2月份，回购加权利率较1月份也有较大幅度回落。债券质押式回购加权平均利率为3.58%，较1月份回落110个基点。2月29日，7天质押式回购加权平均利率为3.48%，较1月末下降85基点。

2010年7月~2012年7月两年内债券的发行情况相关数据见表2。

表2　2010年7月~2012年7月两年内债券的发行情况相关数据

类　别	发行期数（只）	发行期数比重（%）	发行总额（亿元）	发行总额比重（%）
国债	145	4.01	31643.59	20.23
地方政府债	27	0.75	4224.00	2.70
央行票据	154	4.26	27460.00	17.55
金融债	312	8.63	44451.70	28.42
政策银行债	228	6.31	37894.70	24.23
商业银行债	18	0.50	1843.00	1.18
商业银行次级债券	49	1.36	4050.00	2.59
保险公司债	12	0.33	600.00	0.38
证券公司债	1	0.03	14.00	0.01
其他金融机构债	4	0.11	50.00	0.03
企业债	499	13.81	7113.91	4.55
一般企业债	495	13.70	7095.90	4.54
集合企业债	4	0.11	18.01	0.01

续表

类　　别	发行期数（只）	发行期数比重（%）	发行总额（亿元）	发行总额比重（%）
公司债	202	5.59	2531.98	1.62
中期票据	898	24.85	14703.26	9.40
一般中期票据	840	23.24	14550.20	9.30
集合票据	58	1.60	153.06	0.10
短期融资券	1326	36.69	20166.67	12.89
一般短期融资券	1260	34.86	15426.67	9.86
超短期融资债券	64	1.77	4660.00	2.98
证券公司短期融资券	2	0.06	80.00	0.05
国际机构债	2	0.06	50.00	0.03
政府支持机构债	22	0.61	3270.00	2.09
资产支持证券	12	0.33	26.09	0.02
可转债	15	0.42	781.80	0.50
合　计	3614	100.00	156423.00	100.00

2010 年 7 月 ~2012 年 7 月国债发行占比情况见图 4。

2010 年 7 月 ~2012 年 7 月国债招标利率情况见表 3。

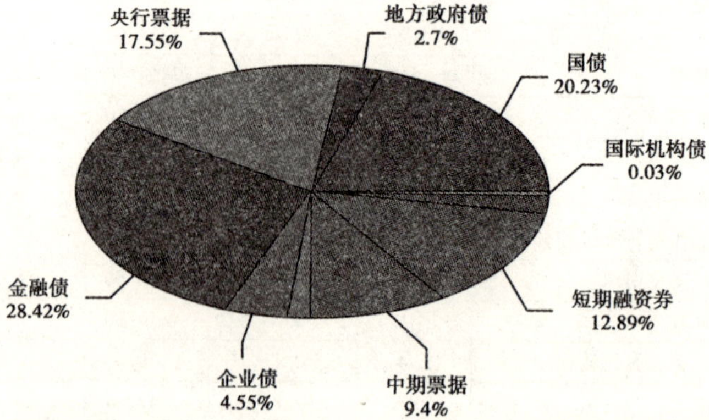

数据来源：Wind 资讯。

图 4　2010 年 7 月 ~2012 年 7 月国债发行占比情况

表3　国债招标利率情况（2010年7月1日~2012年7月1日）

发行起始日期	票面利率（%）	实际发行总额（亿元）	期间发行只数
2010年7月1日	2.6538	1961.70	8
2010年8月1日	2.8156	1926.60	9
2010年9月1日	2.8511	1468.00	7
2010年10月1日	2.7472	1627.00	7
2010年11月1日	3.3027	1664.00	9
2010年12月1日	3.7879	1376.80	8
2011年1月1日	3.5267	900.00	3
2011年2月1日	3.9428	580.00	2
2011年3月1日	3.9430	1780.00	7
2011年4月1日	3.9345	1712.40	8
2011年5月1日	3.9008	1759.42	9
2011年6月1日	3.9837	1642.50	8
2011年7月1日	4.0219	1507.90	8
2011年8月1日	4.1596	1630.00	8
2011年9月1日	4.0902	1405.60	7
2011年10月1日	4.2803	898.17	5
2011年11月1日	4.1924	1041.60	6
2011年12月1日	3.1950	560.00	2
2012年1月1日	2.7800	280.00	1
2012年2月1日	3.1733	840.00	3
2012年3月1日	4.5407	1060.00	4
2012年4月1日	3.8107	1683.10	7
2012年5月1日	3.8457	1714.10	7
2012年6月1日	3.0910	1351.90	5
2012年7月1日	3.3455	872.60	5

2010年7月1日~2012年7月1日国债招标利

率走势图见图5。1996～2011年美国国债现货交易活跃程度见图6。2000～2011年我国国债现货交易活跃程度见图7。

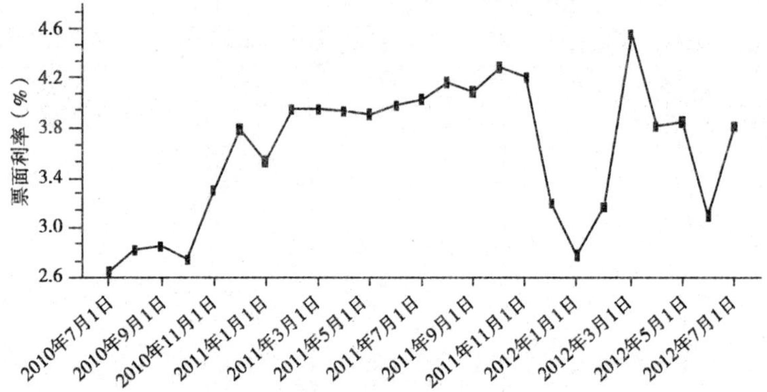

数据来源：Wind资讯。

图5 国债招标利率走势图

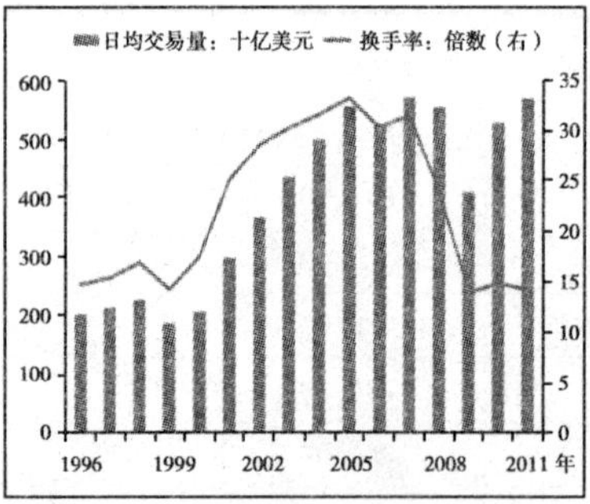

图6 美国国债现货交易活跃程度

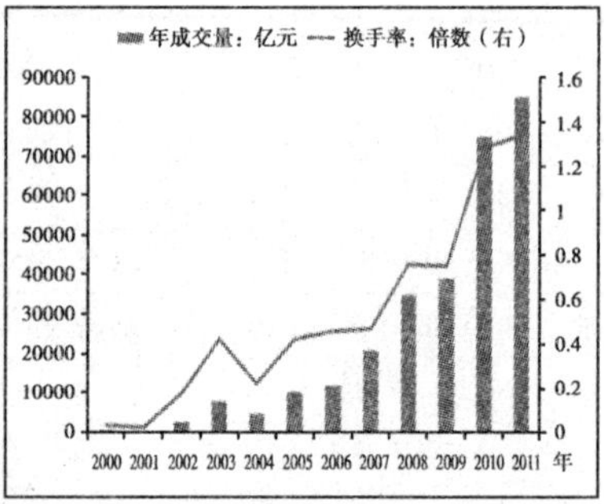

图7 我国国债现货交易活跃程度

2. 市场发展特点

国债市场已经发展成为各类投资者投资国债、金融机构进行资产负债管理以及央行进行公开市场操作、调控货币政策的重要场所。国债流动性有了很大的提高，发行规模日益壮大。总体来说，市场发展主要有以下几个特点：

（1）国债市场规模不断扩大，市场化程度不断提高。我国国债市场经过30多年的健康、快速发展，国债年发行规模不断扩大，2005年共发行国债1.44万亿元，比1981年的49亿元增加约1.4万亿元。国债余额到2011年底已超过7万亿元，约占当年国内生产总值（GDP）的15%，有力地推动了我国经济结构调整，促进了经济的持续、稳定、快速发展。

与此同时，国债发行的市场化程度也不断提高，从20世纪80年代的行政分配方式，到90年代初的承购包销方式，发展到目前全部国债通过承销团成员承销，全部记账式国债都通过招标公开发行。在招标方式上，财政部以及其他相关部门积极创新，综合运用了国际通用的荷兰式招标、美国式招标，创造出符合中国国情的混合式招标，使得国债管理市场化程度不断提高。

（2）投资主体多元化，债券市场流动性大大增强。为提高市场流动性和交易效率，保证银行间市场的健康发展，人民银行努力拓宽银行间市场的参与者，经过几年的努力，市场参与主体类型从原来单一的商业银行扩大到以商业银行为主体，保险公司、基金、证券公司等投资者为补充的新格局，增加了不同投资偏好的交易对手，形成交叉的市场需求，提高了市场的活跃度。

此外，人民银行还通过建立做市商制度和代理结算制度，使得市场运行架构进一步完善，有效地降低了市场交易成本，促进价格发现机制的形成，对扩大银行间市场宽度、提高市场深度，促进市场的快速健康发展具有重要意义。

（3）国债期限结构趋于合理，基准收益率曲线初步形成。为了完善国债期限结构，形成我国债券市场的基准收益率曲线，财政部经过多年努力，取得了显著的成效。过去，我国国债期限集中在3~5年期，期限结构不合理，为此财政部探索发行了15年、20年期国债以及30年期国债，初步实现对超长期国债的持续发行。从2003年开始，财政部积极推行基准期限国债连续、滚动发行，通过基准期限国债发行进一步巩固国债收益率基准。同时，为解决我国国债短期利率缺位的状况，完善基准收益率曲线，自2006年始，我国开始参照国际通行做法，采取国债余额管理方式管理国债发行活动，使得大量滚动发行短期国债成为可能，为国债短端的市场利率形成提供了必要的支持。我国债券市场基准收益率曲线的建设初见成效。

3. 我国国债市场的监管体系

在我国，中国人民银行主要监管银行间债券市场，中国证监会主要负责交易所市场的监管。下面将从三个方面阐述我国债券市场的监管体系。

（1）多头监管体制。从我国债券市场的发展及其监管体系的演进过程来看，是分券种、分市场的多头监管，尚未建成统一的监管体系。债券发行市场上，国债发行由财政部和中国人民银行共同监管。二级市场上，监管部门分工不太明确，但在交易所、银行间市场上市交易的债券分别由中国证监会、中国人民银行监管。

（2）多样化监管主体。中国债券市场监督主体主要有两类：①政府机构主要有中国人民银行、中国证监会、财政部和发改委。②自律性监管机构主要有上海证券交易所、深圳证券交易所、中央国债登记结算公司、中国证券业协会等。

（3）多层次监管法规。债券市场的监管法规，主要有四个层次：一是国家法律。《证券法》主要监管在交易所上市的债券，由中国证监会负责执行；《中国人民银行法》主要明确了中国人民银行是银行间债券市场的监管者。二是由国务院制定并颁布的行政法规。三是部门规章，主要指财政部、中国人民银行、中国证监会等监管机构出台的规章制度。四是中介机构的业务规则和操作规程，主要是全国同业拆借中心、中央国债登记结算公司及交易所等机构出台的业务规则等。

国债投资基础知识

我们在进入国债期货市场交易之前，要对标的现货的基础知识有一定了解。国债期货相对其他衍生品种而言，复杂性和专业性更强，因此在参与国债期货交易前有必要专门学习国债投资的基础知识。本部分结合实例分析比较详尽地探讨了收益率、债券价格的计算公式，分析了债券价值的影响因素以及利率期限结构，同时也对利率风险的衡量和管理做了简要介绍。

债券基础知识

1. 什么是债券

债券是政府、金融机构、工商企业等直接向社会筹措资金，按照法定程序向投资者发行，承诺在一定期限内还本付息的债权债务凭证。债券反映了发行者和投资者之间的债权债务关系，是有价证券的一种，属于固定收益证券的范畴。与可转换债券、股票等权益性工具相比，债券具有收益稳定、价格波动性小、风险低的特点。

债券的含义包含了以下四个方面的内容：（1）发行人是借入资金的经济主体；（2）投资者是出借资金的经济主体；（3）债务人负有在一定期限内向债权人还本付息的义务；（4）债券是代表债权债务关系的法律凭证。

2. 债券的基本要素

目前，债券种类很多，但是在内容上都包含着一些基本要素。这些基本要素是在债券发行时必须载明的基本内容，是明确债权人和债务人权利和义务的主要约定，具体如下：

（1）债券的票面价值。债券的票面价值简称为面值，是指债券发行时设定的票面金额，是债务人在债券到期时必须支付给债权人的金额。一般来说，债券都要注明面值，而且是整数，还要注明币种。值得注意的是，债券的发行价格可能不等同于债券面值。当债券发行价格高于面值时，称为溢价发行；当债券发行价格低于面值时，称为折价发行；当债券发行价格等于面值时，称为平价发行。

（2）票面利率。票面利率是指债权人定期收到的债券利息与债券面值的比值，是债券发行人承诺以后一定时期支付给债券持有人报酬的计算标准。一般来说，债券票面利率的确定主要受到银行利率、发行者的资信状况、偿还期限和利息计算方法以及当时资金市场上资金供求情况等因素的影响。债券利息通常按月、季度、半年或年等方式支付，美国多以半年方式支付，欧洲多按年支付。

（3）偿还期。偿还期是指债券上载明偿还债券本金的期限，也就是债券发行日距到期日的时间间隔。债券偿还期的确定一般是由发行者结合自身资金周转状况和外部资本市场的各种影响因素确定的。

（4）债务人与债权人。债务人按法定程序发行债券筹措所需资金，取得一定时期资金的使用权以及由此带来的利益，同时又承担着举债的风险和义务，按期还本付息。债权人定期转让资金的使用权，有依法或者按合同规定取得利息和到期收回本金的权利。

3. 债券价格与债券交易报价

(1) 债券价格。债券作为一种投资，现金流出是其投资金额，投资流入是其得到的利息和归还的本金，或是其卖出价格。债券的价值应该是其未来现金流的现值，因此，根据现金流贴现的基本原理，不含嵌入式期权的债券理论价格的计算公式如下：

$$P = \sum_{t=1}^{T} \frac{C_t}{(1+y_t)^t} = \frac{C_1}{1+y_1} + \frac{C_2}{(1+y_2)^2} + \cdots\cdots + \frac{C_T}{(1+y_T)^T} \quad (1)$$

式中：P 为债券的理论价格；

T 为债券距到期日的时间；

t 为债券各期现金流到达的时间；

C 为各期的现金流；

y 为贴现率，一般采用当时的市场利率或投资人要求的最低报酬率。

根据债券利息支付方式的不同，我们将债券划分为贴现债券、附息债券和累息债券。

①贴现债券价格。贴现债券又称为零息债券，是指在债券券面上不规定票面利率，而是以低于面值的方式发行，到期时按面值偿还本金的一种债券。实际上，债券面值与债券价格之间的差额即是债券的利息。其计算公式如下：

$$P = \frac{F}{(1+y_T)^T} \quad (2)$$

式中：F 为贴现债券的面值。

【**案例1**】某债券面值为100元，期限为3年，以折现方式发行，期内不计利息，到期按面值偿还，当时市场利率为8%，其价格为多少时，企业才能购买？

根据公式(2)可知：$P=\frac{100}{(1+8\%)^3}=79.38$(元)，即企业不能以高于79.38元购买该债券。

②附息债券价格。附息债券是指在债券券面上附有息票的债券，或是按照债券票面载明的利率及支付方式支付利息的债券。附息债券一般在偿还期内按期支付，到期偿还本金，每半年或每年付息一次。其计算公式如下：

$$P=\sum_{t=1}^{n}\frac{C}{(1+y)^t}+\frac{F}{(1+y)^n}=\frac{C}{1+y}+\frac{C}{(1+y)^2}+\cdots\cdots+\frac{C}{(1+y)^n}+\frac{F}{(1+y)^n} \qquad (3)$$

式中：C 为每期支付的利息。

【**案例2**】某公司拟2005年2月1日购买一张面额为100元的债券，其票面利率为8%，每年2月1日计算并支付一次利息，并于5年后的1月31日到期。当时的市场利率为10%，债券的市价是92元，该公司是否应该购买该债券？

由已知条件我们知道每期支付的利息 $C=100\times8\%=8$（元）

根据公式（3）可知：$P=\sum_{t=1}^{5}\frac{8}{(1+10\%)^t}+\frac{100}{(1+10\%)^5}=92.43$(元)

因为92.43元>92元，所以该公司应该购买此债券。

③累息债券价格。累息债券与附息债券相类似，它们之间的区别主要在于利息支付方式的不同。从上文中我们已经知道，附息债券在偿还期内按期支付利息，而累息债券是规定到期一次性还本付息。因此，可以将累息债券视为面值等于到期还本付息额的零息债券，并按零息债券的计算公式计算。

【案例3】2007年2月1日，财政部发行3年期国债，面值100元，票面利率年息3.75%，按单利计算，到期一次性还本付息。当前的市场利率为5%。该债券的价格为多少？

到期还本利息 $=100\times(1+3.75\%\times3)=111.25$（元）

$$债券的价格\ P=\frac{111.25}{(1+5\%)^3}=96.10\ （元）$$

（2）债券交易报价。在债券交易中，报价是指每100元面值债券的价格，根据报价中是否含应计利息，债券交易可以分为全价交易和净价交易。

全价交易（Dirty Price），是指债券价格中把应计利息包含在债券报价中的债券交易。其中，应计利息是指从上次付息日到购买日债券发生的利息。全价报价的优点是所见即所得，比较方便，缺点是含混了债券价格涨跌的真实原因。

净价交易（Clean Price），是相对于全价而言的。净价交易是以不含利息的价格进行报价并成交的交易方式。在净价交易条件下，将债券的成交价格与债券的应计利息分解，让价格随行就市，这样债券的价格能够更加准确地体现债券内在价值、供求关系以及市场利率的表动趋势。此时，债券的应计利息则根据票面利率按天计算，债券的持有人享有持有时间的应得利息。其计算公式为：应计利息 = 债券面值 × 票面利率 ÷ 365（天）× 已计息天数。值得注意的是，债券交易计息原则是"算头不算尾"，即"起息日"当天计算利息，"到期日"当天不计算利息。

在净价交易制度下，交易系统直接实行净价报价，同时显示债券的成交价格和应计利息额，并以这两项之和为债券买卖价格；结算系统直接实行净价结算，以债券的成交价格与应计利息额之和作为债券的结算交割价格。

一般情况下，全价交易和净价交易之间的关系可以简单地用下面的公式来表示：全价 = 净价 + 应计利息。

【案例4】 假设当前日期为2012年7月10日，考虑一个2012年3月8日发行的7年期国债——12附息国债05，其票面利率为3.4100%，于2019年3月8日到期，假设银行间市场报价为101.9832。由于该债券每年支付一次利息，最近的一次付息日2012年3月8日（这里是起息日），下次付息日为2013年3月8日。在2012年3月8日到2012年7月10日之间总共有124天，在该段时间内应计利息 = 100 × 3.4100% × 124 ÷ 365 = 1.1585（元）

因此，12附息国债05的全价 = 净价 + 应计利息 = 101.9832 + 1.1585 = 103.1417（元）

4. 债券收益率

债券收益率是债券收益与债券本金的比率，是衡量债券投资收益常用的一个指标，通常用年利率来表示。债券收益通常包括债券的利息收入和买卖差价的资本利得。由于债券收益率的计算公式种类繁多，我们在这里简要的介绍几种常用的收益率。

（1）当期收益率。当期收益率（Current Yield）又称直接收益率，被定义为债券每年支付的利息与买入债券时实际价格的比率。其计算公式如下：

$$Y=\frac{C}{P}\times 100\% \tag{4}$$

式中：Y 为到期收益率；

C 为债券每年的利息收益；

P 为购买债券的实际价格。

【案例5】某投资者以950元的价格购买了面额为1000元、票面利率为8%、剩余期限为5年的债券，则该投资者的当期收益率是多少？

根据公式（4）可知：当期收益率 $Y=\frac{C}{P}=\frac{1000\times 8\%}{950}\times 100\%=8.42\%$

（2）到期收益率。到期收益率（Yield to Maturity，YTM），在金融学中被称为内部报酬率（Internal Return Rate，IRR），是指能够使债券未来现金流量的现值等于当前市场价格的贴现率。其计算公式为：

$$P = \sum_{t=1}^{T} \frac{C_t}{(1+y)^t} + \frac{F}{(1+y)^t} \tag{5}$$

式中：P 为债券的价格；

C_t 为第 t 期的现金流金额；

y 为到期收益率；

T 为债券的期限；

F 为债券的价格。

【案例 6】某剩余期限为 5 年的国债，票面利率为 8%，面值 100 元，每年支付一次利息，当前市场价格为 102 元，求该债券的到期收益率。

根据公式（5）可写出等式：$102 = \sum_{t=1}^{5} \frac{8}{(1+y)^t} + \frac{100}{(1+y)^5}$

通过计算，求解出：y = 7.5056%

通过公示（5），我们可以发现，如果债券平价发行，即债券价格等于面值，那么到期收益率等于票面利率；如果债券溢价发行，即债券价格高于面值，那么到期收益率小于票面利率；如果债券折价发行，即债券价格低于面值，那么到期收益率大于票面利率。

（3）持有期收益率。持有期收益率（Holding Period Return，HPR），是指投资者在债券发行后买进债券，且在偿还期前卖出债券，在此段时间内的收益率。持有期收益率是投资者最关心的指标之一，是用来衡量投资者持有期的投资收益状况。由于不同种类债券持有期收益率的计算公式稍有差异，我们在此以最常见的债券——附息债券为例来说明持有期收益率。附息债券持有期收益率与到期收益率的最大区别在于：最后一笔现金流是卖出价格，而不是到期偿还的金额。其计算公式如下：

$$P = \sum_{t=1}^{T} \frac{C}{(1+y_h)^t} + \frac{P_T}{(1+y_h)^T} \tag{6}$$

式中：P 为债券买入价格；

P_T 为债券卖出价格；

C 为债券每期支付的现金流量；

y_h 为债券的持有期收益率。

【案例 7】 某投资者以 1000 元价格平价购买债券利率为 8%、每年付息一次的债券，持有 2 年后按 1060 元价格卖出，则该投资者持有期收益率是多少？

根据公式(6)可写出等式：$1000 = \sum_{t=1}^{2} \frac{80}{(1+y_h)^t} + \frac{1060}{(1+y_h)^2}$

通过计算，可解得：$y_t = 10.85\%$

（4）赎回收益率。赎回收益率（Redemption Yield），是指允许发行人在债券到期以前按某一约定的价格赎回已发行的债券。通常在预期市场利率下降的情况下，发行人会发行可赎回债券，以便未来用低利率成本发行债券代替高利率债券。赎回收益率通常以首次赎回收益率为代表。首次赎回收益率，是指累计到首次赎回日止，利息支付额的现值与指定赎回价格的现值之和等于债券发行价格的利率。其计算公式如下：

$$P=\sum_{t=1}^{n}\frac{C}{(1+y)^{t}}+\frac{M}{(1+y)^{n}} \qquad (7)$$

式中：P 为发行价格；

M 为指定的赎回价格；

n 为到第一个赎回日的年数。

【案例 8】 某债券的面值为 100 元，票面利率为 5%，期限为 4 年，现以 95 元折价向社会公开发行，两年后债券发行人以 105 元的价格赎回，第一个赎回日为付息日后的第一个交易日，则赎回收益率是什么？

根据公式（7），可列出等式：

$$95=\sum_{t=1}^{2}\frac{5}{(1+y)^{2}}+\frac{105}{(1+y)^{2}}$$

通过计算，求出 $y=10.25\%$

债券价值的影响因素分析

从各类固定收益债券的定价公式可以看出，市场利率、票面利率、期限和到期时间是影响债券价格的几个关键因素。

1. 债券价值与市场利率

从前面债券定价公式中可以看出，市场利率与债券票面利率相等时，债券市场价值等于面值；市场利率低于债券票面利率时，债券市场价值就高于其面值；而市场利率高于债券票面利率时，债券的市场价值就低于其面值。

【案例9】某两年期债券，每半年付息一次，票面利率8%，面值1000元，市场实际利率为8%。计算债券的市场价值。

由于此债券半年付息一次，票面利率是以一年为计息期的名义利率，实际计息高于票面利率，该债券的价值应当等于：

$$V=\frac{40}{(1+4\%)^{1}}+\frac{40}{(1+4\%)^{2}}+\frac{40}{(1+4\%)^{3}}+\frac{40}{(1+4\%)^{4}}+\frac{1000}{(1+8\%)^{2}}$$

$$=1002.53(\text{元})$$

票面利率是根据发行时市场的风险预期和市场利率来决定的，一旦债券发行公告发布之后，市场利率发生变动，可以通过发行溢价或折价调节发行价格。

2. 债券价值与到期时间

债券到期时间，是指当前日与到期日的时间间隔。债券的到期时间随着时间推移而缩减，至到期日时间隔为零。市场利率一旦确定，不论其与票面利率的关系如何，债券的价值都随着时间推移靠近债券面值，到期日的债券价值等于其面值。

若必要报酬率高于票面利率，则债券价值随着到期日临近而提高，最终等于债券面值；若必要报酬率等于票面利率，则债券价值等于票面价值；若必要报酬率低于票面利率，则债券价值随着到期日临近而靠近其面值。对于连续付息的情况，如果债务人每隔一段时间支付一次利率，会导致债券价值呈周期性变动。

债券投资者和证券组合投资者经常用有效期代替到期日来度量多种息票和本金的支付平均时间。有效期的计算公式为：

$$D = \sum_{t=1}^{n} \frac{\frac{C_t \cdot t}{(1+r)^t}}{p}$$

式中：C_t表示 T 时刻的利息及本金支付额；

t 表示支付的时间；

n 表示最终到期日的时间；

r 表示到期收益率；

p 表示债券的市价或者价值。

【案例 10】 假定票面利率为 9% 的 4 年期债券，每年支付一次利息，其到期收益率为 10%，且市价为每张债券 96.83 元，则此债务工具的有效期是多少？

$$D = \frac{\frac{9 \times 1}{1.10} + \frac{9 \times 2}{1.10^2} + \frac{9 \times 3}{1.10^3} + \frac{109 \times 4}{1.10^4}}{96.83} = 3.52\text{（年）}$$

由以上公式可以看出，当其他条件保持不变时，债券的票面利率与有效期成反比，即票面利率越高，有效期越短。此外，该债券不同于低息票债券，大部分收益会在早期得到。对于零息票债券而言，只有在到期日一次支付。因此，债券的有效期与期限相同。对于息票债券而言，其有效期短于券期限。

有效期因为与债券价格的变化密切相关，因此被广泛运用于投资领域。在理想状态下，价格变化率与收益率之间存在以下关系：

$$\frac{\Delta p}{p} = -D\frac{\Delta r}{1+r}$$

【案例 11】 我们假设上例中的到期收益率从10%上升到11.1%，相应的，1+r增长了1.1%，预定价格的变化率为：

$$\frac{\Delta p}{p} = -3.52 \times \frac{1.1\%}{1+10\%} = -3.52\%$$

从上式可以看出，随着到期收益率的上升，债券价格预期将下降3.52%

3. 债券价值与利息支付方式

对于债券价值与利息支付频率来讲，不同的利息支付频率会对债券价值产生影响。因为纯贴现债券在到期日前购买人不能得到任何现金支付，所以纯贴现债券也成为零息债券。零息债券没有明确的利息计算规则，通常采用按年计息的复利计算规则。对于平息债券而言，其利息在到期日内平均支付，支付频率分为一年一次、半年一次和每季度一次。所谓永久公债，是指没有到期日，用不停止定期支付利息的债券。下面以平息债券为例，来说明利息支付频率对债券价值的影响。

【案例 12】 某债券面值为 1000 元，票面利率为 8%，每半年支付一次利息，5 年到期。假设其必要报酬率为 10%，则该债券价值是多少？

该债券价值为：

$$PV = 1000 \times 8\% \times \frac{1}{2}(\frac{p}{A}, 10\% \div 2, 5 \times 2)$$

$$+ (\frac{p}{s}, 10\%, 5)$$

$$= 40 \times 7.7217 + 1000 \times 0.6209$$

$$= 308.87 + 620.90$$

$$= 929.77(\text{元})$$

4. 流通债券价值与付息日的关系

按照所交易的市场，可以将债券划分为新发行债券和流通债券。新发行债券，是指初次发行，在一级市场流通的债券；流通债券，指的是已经发行一段时间，在二级市场流通的债券。与新发行债券相比，流通债券的主要特点是债券到期时间小于债券发行在外的时间，因此其估价时点不在发行日而在发行日至到期日之间的任何时点，对流通债券的估价需要考虑当前至下一次利息支付的时间因素。流通债券的估值方法原理仍然是现金流折现，但因为当前时点不是发行日，所以需要选择合适的折算时间点：第一种方法可以以现在作为折算时间点，然后将历年现金流按非整数期折现；另一种方法是以最近一次付息期为折算时间点，然后将未来现金流折现，再将计算出的现值折算到当前时点。一般来说，在两个付息日之间，流通债券的价值会呈现周期性的变化，这里以折价发行的债券为例来说明这种变动规律。折价发行债券发行后价值逐渐升高，付息日支付利息后价值下降，然后债券价值又重新开始上升，总趋势是波动上升，越临近付息日，债券的价值越大，甚至可能超过其面值，付息日后债券价值回调。因此，流通债券估价需要特别考虑付息日，从而分别对每期的利息和最后的本金估价。

【案例13】有一面值为1000元的债券，票面利率为8%，每年支付一次利息，2001年5月1日发行，2006年4月30日到期。现在是2004年4月1日，假设必要报酬率是10%，则该债券的价值是多少？

此例中，2年零1个月的剩余期限中含有3个付息日，发生3次利息流入，要计算3次利息。

2004年5月1日利息的现值为：

$$PV_1=\frac{1000\times8\%}{(1+10\%)^{\frac{1}{12}}}=\frac{80}{1.00797}=79.37(\text{元})$$

2005年5月1日利息的现值为：

$$PV_2=\frac{1000\times8\%}{(1+10\%)^{1\frac{1}{12}}}=72.15(\text{元})$$

2006年5月1日利息的现值为：

$$PV_3=\frac{1000\times8\%}{(1+10\%)^{2\frac{1}{12}}}=65.60(\text{元})$$

2006年5月1日本金的现值为：

$$PV_M=\frac{1000\times8\%}{(1+10\%)^{2\frac{1}{12}}}=\frac{1000}{1.2196}=819.94(\text{元})$$

则该债券2004年4月1日的价值为：

$$PV = PV_1 + PV_2 + PV_3 + PV_M = 79.37 + 72.15 + 65.6 + 819.94 = 1037.06(\text{元})$$

国债收益率曲线

国债收益率曲线是一条用来描述国债到期收益率与相应国债到期期限关系的曲线。债券的到期收益率又称最终收益率，是投资购买债券的内部收益率，即可以使投资购买国债获得的未来现金流量的现值等于债券当前市价的贴现率。它相当丁投资者按照当前市场价格购买并且一直持有到期满时可以获得的年平均收益率。现实中，债券期限不同，对应的利率走势会存在差异，收益率曲线的整体形状对经济或市场未来走势有着重要的启示作用。

收益率曲线显示的是一组货币和信贷风险均相同，但期限不同的债券或其他金融工具收益率的图表，其纵轴代表收益率，横轴则是距离到期的时间。债券收益率在时期中的走势未必均匀，这就有可能形成向上倾斜、水平以及向下倾斜的三种收益曲线。

收益率曲线是分析利率走势和进行市场定价的基本工具，也是进行投资的重要依据。国债在市场上自由交易时，不同期限及其对应的不同收益率，形成了债券市场的基准利率曲线。其他债券和金融资产均以此为基础，按照一定的风险溢价原则进行定价。

国债收益率与国债的价格存在一一对应的关系：

$$P_i = \sum_{j=1}^{K_i} C_{ij}(1+y)^{-T_{ij}} \tag{8}$$

式中，y 为债券的到期收益率。

依据无套利定价原则，在无摩擦的完全市场上，债券的价格由零息票收益率曲线唯一确定：

$$P_i = \sum_{j=1}^{K_i} C_{ij}(1+R(t,T_{ij}))^{-T_{ij}} \tag{9}$$

其中，$R(t,T_{ij})$ 为当前时刻 t 获得的对应期限为 $T_{ij}-t$ 的零息票收益率。(8)、(9) 两式说明，到期收益率本质上是不同期限的零息票收益率的加权平均。其中，加权平均的权重为债券现金流支付的函数。因此，在不对国债现金流支付进行限制的条件下，国债收益率曲线会随同国债现金流的变化而变化。

通过数学证明，可以得到零息票收益率曲线与到期收益率曲线的下述关系：

(1) 若零息票收益率曲线是平行于时间轴的水平线，则零息票收益率曲线和到期收益率曲线相同；

(2) 若零息票收益率曲线是单调上升曲线，则到期收益率曲线位于零息票收益率曲线下方；

(3) 若零息票收益率曲线是单调下降曲线，则到期收益率曲线位于零息票收益率曲线上方。

从以上关系可知，国债收益率曲线一般情况下不是利率期限结构的衡量。因此，国债收益率曲线不能用于其他国债的定价，而仅能作为计算到期收益率时所采用的国债的收益情况的一种反映。我们在计算到期收益率时一般都假设再投资收益率不变，而这一隐含假设决定了只有在零息票收益率曲线是水平的情况下，国债收益率曲线才能用于其他国债的定价。而当零息票收益率曲线非水平的情况下，只有对现金流进行贴现所得出的零息票收益率曲线（利率期限结构）才能实现国债的无套利定价。

利率期限结构

1. 利率期限结构的概念与意义

（1）利率期限结构的概念。利率是市场中最重要的价格之一，它反映了资金需求者融入资金的成本，资金供给者获得的收益。在风险、流动性和税收政策相同的情况下，影响债券利率的一个重要因素是债券的到期期限。这种反映不同到期期限与利率之间的关系称为利率期限结构。收益率曲线是描述利率期限结构的重要工具。收益率曲线是具有相同信用质量但到期期限不同的债券的实际收益率关系的图形。在正常情况下，债券的到期期限越长，其到期收益率也就越高，即收益率曲线呈正向型。然而，通过对金融产品历史数据的分析，我们发现除此之外还存在其他的形状（如图8所示）：反向型收益率曲线、水平型收益率曲线和波动型收益率曲线。这些不同形状的曲线反映了长短期收益率之间的关系，也是市场对当前经济状况的判断和对未来经济走势预期的结果。

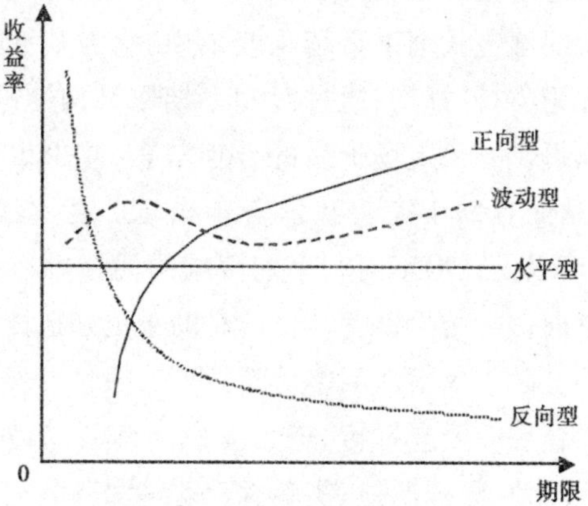

图 8　收益率曲线的不同形状

具体来说，正向型收益率曲线向右上方倾斜，表示长期利率高于短期利率；反向型收益率曲线，又称翻转的收益率曲线，表示长期利率低于短期利率；水平型收益率曲线是平坦的，表示长期利率与短期利率是相等的；波动型收益率曲线表示利率随着投资期限的不同而呈现出不规则的波动，这意味着社会经济在未来可能发生波动。

（2）利率期限结构的意义。20 世纪 80 年代，美国联邦储备局和英国英格兰银行率先公布了利率期限结构曲线，随后，西方各国随着金融市场化的不断推进，也纷纷公开了各自的利率期限结构曲线，用以加强对金融市场的指导。

在我国当前的经济形势下，对利率期限结构的研究不但有理论意义，还有重大的实践意义。在理论方面：第一，它为我国金融资产、金融产品设计、套利、利率风险管理和投资提供了一个坚实的理论基础;第二,在我国渐进式利率市场化改革中,它为基准利率提供了理论支持;第三,通过对利率期限结构的准确估计,可以提供有关市场价格的合理信息,减少市场套利机会,从而有助于完善我国资本市场。在实践方面:第一,可以设计出不同利率期限结构的金融产品满足具有不同偏好的投资者;第二,有助于更好地计量和控制我国金融市场中的利率风险;第三,通过发现金融市场上不合理的资产定价,进行无风险套利;第四,有助于发行国债、管理国债、实施货币政策和调节利率。

2. 利率期限结构理论

(1)预期理论。期限结构的预期理论是由费雪在1896年提出的,后来经过希克斯和卢茨(1940年)进一步发展和完善了该理论。预期理论具有以下假设:(1)在投资者的资产组合中,不同到期期限的债券是完全替代品,而且这些债券的预期回报率是相等的;(2)所有的市场参与者都有相同的预期,并且金融市场是完全竞争的;(3)投资者是风险中立者。在此假设条件下,预期理论提出了基本命题:长期债券的利率等于在其有效期内人们预期出现的所有短期利率的平均值。其计算公式为:

$$r_{nt} = \frac{r_t + r_{t+1}^e + r_{t+2}^e + \cdots + r_{t+n-1}^e}{n} \tag{10}$$

式中:r_{nt} 表示 n 期债券在时间 t 的利率;r_t 、r_{t+1}^e 、r_{t+2}^e 、…… r_{t+n-1}^e 表示债券在时间 t、$t+1$、$t+2$、……、$t+$

$n-1$ 上的 1 年期利率。

例如，投资者预期在接下来的 4 年内，1 年期利率分别为 3%、4%、5%、6%，那么当前 4 年期债券的利率应该等于 $\frac{3\% + 4\% + 5\% + 6\%}{4} = 4.5\%$。同样，我们也可以分别求出 1 年期、2 年期、3 年期债券的利率，分别是 3%、3.5%、4%。值得注意的是，这个例子中的收益率曲线是正向型的。

预期理论认为，收益率曲线由市场预期未来短期利率的平均值所决定的。如果预期未来短期利率的平均值大于当前短期利率的平均值，则市场预期未来短期利率的平均水平有上升的趋势，此时收益率曲线是正向型的；如果预期未来短期利率的平均值小于目前短期利率的平均值，则市场预期未来短期利率的平均水平有下降的趋势，此时收益率曲线是反向型的；如果市场预期未来短期利率的平均水平不会发生变化，那么收益率曲线则是水平型的。

（2）市场分割理论。期限结构的市场分割理论最早是由卡尔伯特森在 1957 年提出的。市场分割理论隐含以下假设条件：①投资者对不同期限的债券有不同的偏好，他们关心的只是所偏好期限的债券回报率；②期限不同的债券无法相互替代；③投资者是风险厌恶者，一般他们力求实现债券的到期期限与他们愿意持有期相匹配，从而获得一定的收益而不必承担风险。在这些假设条件下，市场分割理论提出了基本命题：不同期限的债券市场是相互独立和相互分割的，不同市场中的债券价格分别由它们各自的债券供求关系决定，而不会受到其他不同期限的债券的收益变动的影响。

根据市场分割理论，收益率曲线的不同形状取决于不同期限的债券的供求关系。如果短期债券的需求大于长期债券的需求，那么短期债券的价格就有上升的趋势，也就是短期债券的收益率将下降；相反，长期债券的收益率将会上升，此时收益率曲线是向右上方倾斜的。如果短期债券的需求小于长期债券的需求，那么长期债券的价格就会上升，其收益率就会下降；相反，短期债券的收益率就会上升，此时收益率曲线是向右下方倾斜的。如果短期债券和长期债券的需求相同，那么收益率曲线是水平的。正常情况下，由于流动性偏好，投资者都愿意持有短期债券而不是长期债券，收益率曲线一般情况下向右上方倾斜。

（3）流动性偏好理论。期限结构的流动性偏好理论最早是由希克斯在 1946 年提出的，后经过其他学者的发展，逐步演变成对预期理论和市场分割理论的一种综合理论。流动性偏好理论包括以下假设：（1）不同到期期限的债券是可以相互替代的，然而考虑到投资者对不同期限的债券具有不同的偏好，这种替代关系并不是完全替代关系。（2）债券投资者总是偏好于短期债券，仅仅当流动性溢价能够补偿时才愿意投资长期债券。（3）投资者是风险厌恶者，他们对所承担的额外风险要求相应的补偿。在这些隐含的假设条件下，流动性偏好理论认为，长期债券的利率应该等于在有效期内预期出现所有短期利率的平均值与流动性溢价之和，其计算公式如下：

$$r_{nt} = \frac{r_t + r^e_{t+1} + r^e_{t+2} + \cdots + r^e_{t+n-1}}{n} + K_{nt} \qquad (11)$$

式中，K_{nt} 表示 n 期债券在时间 t 的流动性溢价。

一般来说，流动性溢价大于零，并且与债券的到期期限成正方向变化。

流动性偏好理论认为，在流动性溢价一定的条件下，如果投资者预期未来短期利率水平上升，那么长期利率水平也会上升，这就解释了不同期限的债券的利率随时间变化的原因。当短期利率水平较低时，投资者会预期未来短期利率水平上升，由于存在一个正的流动性溢价，那么长期利率会远远大于短期利率，从而收益率曲线会比较陡峭地向右上方倾斜。当短期利率水平较高时，投资者预期未来短期利率水平会下降，由于未来短期利率的平均值相对低于目前短期利率的平均值，即使存在一个正的流动性溢价，长期利率水平仍然有可能会低于短期利率水平，从而收益率曲线向右下方倾斜，这就解释了若短期收益率较低，收益率曲线很可能向上倾斜，若短期收益率较高，收益率曲线很可能向下倾斜的原因。一般情况下，流动性溢价与债券的到期期限成正方向变化的关系，在预期未来短期利率水平不变的情况下，长期利率仍然会高于短期利率，这就解释了收益率曲线几乎总是向右上方倾斜的原因。

流动性偏好理论不仅能够很好地解释一些事实，而且还为我们提供了预测市场未来短期利率走势的方法，即通过收益率曲线的斜度来预测利率走势。一般来说，陡峭上升的收益率曲线表明未来短期利率有上升的趋势;平缓上升的收益率曲线表明未来短期利率上升或者下降的幅度不大;水平的收益率曲线表明未来短期利率水平有下降的趋势;向右下方倾斜的收益率曲线表明未来短期利率水平将大幅下降。

利率风险种类

利率风险,是附息资产(如贷款或债券)由于利率变动而承担的风险(价值波动)。一般来说,利率上升时,固定利率债券的价格会下降;反之,固定利率债券的价格会上升。通常从两个层面来考察利率风险:第一,金融工具,如固定收益债券及其相关衍生品所蕴含的利率风险,通常体现为市场价格的波动,属于固定收益债券的市场风险;第二,金融机构,主要是指商业银行、保险公司以及年金管理机构因持有附息资产或负债而面临利率波动而带来的风险。

1. 固定收益债券的利率风险

利率风险是固定收益证券投资者面临的主要风险之一。利率基本上可以看做其他所有金融投资产品的无风险替代产品,是衡量其他金融投资的机会成本,利率上升代表其他投资的机会成本增加,相应要求的投资回报率也增加,也就是相应风险投资产品价格下降。

国债作为一种固定收益证券,投资者的收益来源主要有利息收益、再投资收益及资本损益。其中,再投资收益与资本损益都会受到利率变化的影响。再投资收益,是指债券持有者在期间收到利息以市场利率再进行投资的收益,这项收益随市场利率提高而增加。资本损益是指债券投资人在市场上买卖债券价差的而带来的收益或者损失。一般而言,市场利率与债券的市场价格呈反向变动的关系。利率上升,债券市场价格下降;利率下降,债券市场价格上升。因此,债券及其衍生品的利率风险也被视为市场风险。对于持有债券到期的投资者而言,其收益的现金流是确定的,不需考虑利率变化带来的市场风险。但对于不打算持有到期的投资人而言,债券市场价格随利率变化而变化,造成的资本损益更为重要。

考虑到国债期货作为一种利率衍生品,其价格变动与债券方向相同,与利率变动相反。因此,利用期货的做空机制,应用恰当是可以作为固定收益类证券投资者规避利率风险的有效工具。

2. 金融机构面临的利率风险

巴塞尔委员会在所发布的《利率风险管理原则》中将利率风险定义为:利率变化使商业银行的实际收益与预期收益或实际成本与预期成本发生背离,使其实际收益低于预期收益,或实际成本高于预期成本,从而使商业银行遭受损失的可能性。也就是,原本投资于固定利率的金融工具,当市场利率上升时,可能导致其价格下跌的风险。

巴塞尔银行监管委员会将利率风险分为重新定价风险、基差风险、收益率曲线风险和期权性风险四类。

（1）重新定价风险。重新定价风险（Repricing Risk）也称为期限错配风险，是最主要的利率风险，它产生于银行资产、负债和表外项目头寸重新定价时间（对浮动利率而言）和到期日（对固定利率而言）的不匹配。通常，把某一时间段内对利率敏感的资产和对利率敏感的负债之间的差额称为“重新定价缺口”。只要该缺口不为零，则利率变动时，会使银行面临利率风险。20世纪70年代末和80年代初，美国储贷协会危机主要就是由于利率大幅上升而带来重新定价风险。例如，如果商业银行将客户的短期存款作为长期固定利率贷款的主要来源，当市场利率上升时，银行的贷款利息收入是固定的，然而其存款利息支出确会随着市场利率的上升而增加，这样银行的净利息收入将会降低。

（2）基差风险。基准风险（Basis Risk）也称为利率定价基础风险，是一种重要的利率风险。当一般利率水平的变化引起不同种类的金融工具的利率发生程度不等的变动时，银行就会面临基差风险。即使银行资产和负债的重新定价时间相同，但是只要存款利率与贷款利率的调整幅度不完全一致，银行就会面临风险。中国商业银行存贷款所依据的基准利率一般都是中央银行所公布的利率，因此，基差风险比较小，然而随着利率市场化的逐步推进，特别是与国际接轨后，中国商业银行因业务需要，可能会以伦敦同业拆借利率（LIBOR）为参考，到时产生的基差风险也将相应增加。

（3）收益率曲线风险。收益率曲线是将不同到期期限债券的收益率连接起来而得到的一条曲线，当银行的存贷款利率都以国库券收益率为基准来制定时，由于收益率曲线意外位移或斜率的突然变化而对银行净利差收入和资产内在价值造成的不利影响就是收益率曲线风险（Yield Curve Risk）。收益率曲线的斜率会随着经济周期的不同阶段而发生变化，使收益曲线呈现出不同的形状。正收益曲线一般表示长期债券的收益率高于短期债券的收益率，这时没有收益率曲线风险；而负收益率曲线则表示长期债券的收益率低于短期债券的收益率，这时有收益率曲线风险。

(4)期权性风险。期权性风险（Optionality）是指由于期权性工具具有不对称的支付特征而给期权卖方带来的风险。一般来说，期权可以是单独的金融工具，如股指期权，也可以是隐含在其他标准化合约之中，比如存款提前兑付、贷款提前偿还等。这种期权性条款广泛存在于银行资产、负债和中间业务之中。例如，当市场利率变化对存款者有利时，存款者会重新安排存款以获得更高的收益，当市场利率变化对借款者有利时，借款者会提前偿还贷款，重新进行融资，以降低融资成本，这样，银行的收益和内在价值就会受到很大的影响。

因为持有大量利率敏感性资产的金融机构，其资产市值随利率波动会相应大幅波动，所以，有必要利用国债期货来对冲风险。具体的操作方法可见后面的内容。

利率风险的测度

1. 债券基点价值(DV01)

(1)债券基点价值。所谓债券基点价值(Dollar Value per an 0.01,DV01),从英文字面意思上理解是指利率每变动1个基点所带来的债券价格变动的绝对值,亦可称为BPV、PVBP。它用来描述当利率在微小范围内变动带来债券价格的变动。通常而言,利率上升或下降1个基点,所引起的债券价格变动并不完全相同,但在稍小变动情况下,两者大致相当。这一概念作为度量利率风险的重要概念,被广泛应用于债券及投资组合的套期保值计算当中。

(2)债券基点价值的计算方法。

①价格敏感度方法。价格敏感度方法就是根据DV01的定义,分别计算出利率在原来的基础之上,上升1个基点及下降1个基点相应的债券价值,并取两者的绝对值的平均值作为DV01的值。具体公式如下:

$$DV01=\frac{\text{上升1个基点带来价格变动的绝对值}+\text{下降1个基点带来价格变动的绝对值}}{2}$$

【案例14】 02国债(13)(代码:010213)在2012年6月7日收盘时市场价格为97.64。该债券为2002年9

月20日发行的期限为15年，2017年9月20日到期，每半年付息，票面利率2.60%的国债（见表4）。

表4　　02国债（13）

收益率（%）	债券价格	价格变化绝对值
3.10（收益率+1基点）	97.5929	0.04707
3.09（债券收益率）	97.64	—
3.08（收益率-1基点）	97.6871	0.04710

由表4计算结果容易得出上述债券的DV01值为0.047085。通常，习惯上国债现货以100万元为单位，因此对于面值为100万元的该种国债，利率变动一个基点带来的价格变化为470.85元。

②利用修正久期的方法。在已知债券修正久期的前提下[①]可以更容易的计算出债券的DV01值。具体公式如下：

$$DV01 = (1\% \times 修正久期值 \times 债券价格) \times 0.01 \quad (12)$$

此公式可以被看做两个部分：括号中描述的是利率曲线的斜率；0.01则是利率变动的幅度。值得注意的是，这种方法仅适用于利率在微小变动区间内的变化。久期并没有考虑到利率曲线的凸性，因此，当利率变化越大，误差就会越大。

【案例15】 对于上一例中提到的02国债（13）（代码：010213），假定已知其修正久期为4.78482

① 修正久期同时也是一种用来度量债券组合利率敏感度的一种方法，其计算方法较为复杂。

年，则容易得出其 DV01 = （0.01 ×4.7848 ×97.64）×0.01 =0.0467。与前一方法相比较两者近似，但有微小的误差。

（3）国债期货合约基点价值的计算方法。由于债券期货合约的价格是随相关标的国债价格变化而变化的。多数情况下，国债期货价格由最便宜交割债券所决定。因此，一旦确定了最便宜交割债券的 DV01 值，那么根据相关的转换因子，就能确定期货合约的 DV01 值。具体计算公式如下：

$$期货合约\ DV01 = \frac{债券现货\ DV01}{转换因子} \tag{13}$$

【案例 16】 2012 年 6 月 8 日，仿真国债期货合约 TF1206 进入交割，当日结算价为 98.74 元，对应的最便宜交割债券为 08 国债 03（代码：080003.IB），发行日期为 2008 年 3 月 20 日，票面利率 4.07%，半年付息一次，到期日为 2018 年 3 月 20 日。当日，它的收盘净价为 105.4296 元，转换因子为 1.0562。试计算国债期货仿真合约的 DV01 值。

计算过程如下：

第一步：计算出最便宜交割债券的 DV01 值

先可求出 08 国债 03 的修正久期为 5.1089，根据前面所提到的第二种计算方法，可算出 DV01CTD = 105.4296 ×5.1089 ×0.01 ×0.01 =0.0539

第二步：根据最便宜交割债券现货计算出期货合约的 DV01 值

$$DV01_{Futures} = \frac{0.0539}{1.0562} = 0.0510$$

2. 久期（Duration）

在前一部分，我们提到了用基点价值来衡量利率变化对债券价格的影响。另外一种可用于衡量债券价格相对于利率敏感度的度量方式是麦考利久期（Macaulay Duration）和修正久期（Modified Duration）。

（1）久期。债券久期是由 Fredrick Macaulay 在 1938 年首先提出来的，亦称为麦考利久期。它是指现金流支付时间的加权平均，其权重是每期支付的现金流的现值在所有现金流的现值总和中所占的比例，即以每期支付的现金流的现值除以所有现金流的现值总和。它可用来衡量现金流对利率变化的敏感性，被大家广泛使用。通常而言，久期越长，利率变化对债券或债券组合的影响就越大，从而利率风险暴露也越大。

（2）久期与修正久期的计算方法。根据久期的定义，其计算公式如下：

$$D = \frac{1}{PV}\sum_{t=1}^{n}\frac{tCF_t}{(1+r)^t} \tag{14}$$

通常而言，久期与债券价格波动存在如下关系：

$$\text{债券价格变动近似百分比} = -\frac{1}{1+\frac{r}{n}} \times D \times \Delta r \tag{15}$$

式中：r 代表年利率；

n 代表年付息次数；

D 代表久期；

Δr 代表利率的变化量。

为了计算的方便，我们通常在上述公式中不带负号的前两项合并起来，定义为修正久期（Modified Duration），记作 D^*。计算公式如下：

$$D^* = \frac{1}{1+\frac{r}{n}} \times D \tag{16}$$

（3）对于久期的理解。

①久期是现金流支付时间的加权平均。从久期定义上来看，久期可理解为债券以现金流为权重的一种加权平均后的偿还期限。从公式上看：

$$D = \frac{1}{PV}\sum_{t=1}^{n} \frac{tCF_t}{(1+r)^t} = \sum_{t=1}^{n} \frac{CF_t(1+r)^{-t}}{PV} \times t$$

$$= \sum_{t=1}^{n} w_t \times t \tag{17}$$

容易看出此时的 w_t 为各期偿还现金流现值与总偿付现金流现值的比，即所占权重。因而，久期可理解为一种债券的平均期限。

②久期是债券价格对利率的弹性。久期是用来衡量债券的利率风险，反应了债券价格变化对利率变化的敏感程度。例如，对于久期为 4.78 的债券组合，当利率变动 0.01%，其债券价格将会变化 0.0478%。

由于久期只反应了利率与债券价格的线性关系，实际上隐藏的假设是利率——债券价格曲线在微小区间内是非凸的。通常，这在利率变动较小范围内是非常近似的。但我们知道，实际上，利率与债券价格曲线是弯曲的。因此，当利率较大幅度变化时，利用久期来计算组合的价值变化就会有较大的误差，这一点必须要注意。

③久期与债券各要素之间的关系。久期不仅为衡量债券利率敏感度提供了一种较为简便的方法，而且还能够较为准确地衡量债券的风险水平。一般来说，久期取决于不同债券的基本要素：存续期越短，久期越短；市场利率越高，久期越短；票面利率越高，久期越短。

（4）应用举例。下面以一个实例来说明久期的具体计算方法。

【案例 17】某债券具体情况如下所示：

某债券的具体情况

债券交收日	2012 年 6 月 7 日
债券到期日及票面利率	2017 年 9 月 20 日，2.6%，半年付息一次
债券收益率	3.09%
距最近一次付息时间	105 天即 105/365 = 0.2877 年①
债券现值	97.64 元

根据公式（17）计算如下：

$$MD=\frac{\frac{\frac{2.6}{2}}{(1+0.0309)^{0.2877}}\times 0.2877+\frac{\frac{2.6}{2}}{(1+0.0309)^{0.7877}}\times 0.7877+\cdots\cdots+\frac{100+\frac{2.6}{2}}{(1+0.0309)^{5.2877}}\times 5.2877}{97.64}$$

麦考利久期 = 4.8587 年

$$\text{修正久期}=\frac{1}{1+\frac{0.0309}{2}}\times 4.8587=4.7848(\text{年})$$

① 最近一次付息日为 2012 年 9 月 20 日。

3. 债券凸性（Convexity）

（1）凸性。一般情况下，债券的价格与市场利率成反向变动的关系，即利率上升，债券价格下降；利率下降，债券价格上升。但两者并非成一种线性关系。如图9所示，图中曲线大致反映了利率与收益的这种非线性关系。直观上可以看出，如果曲线越陡峭，则债券价格对利率变化越敏感；反之，曲线越平坦，则债券价格对利率变化越小。为了描述曲线的弯曲程度，我们引入数学中凸性（Convexity）的概念。凸性是指在某一到期收益率下，到期收益率发生变动而引起的价格变动幅度的变动程度。

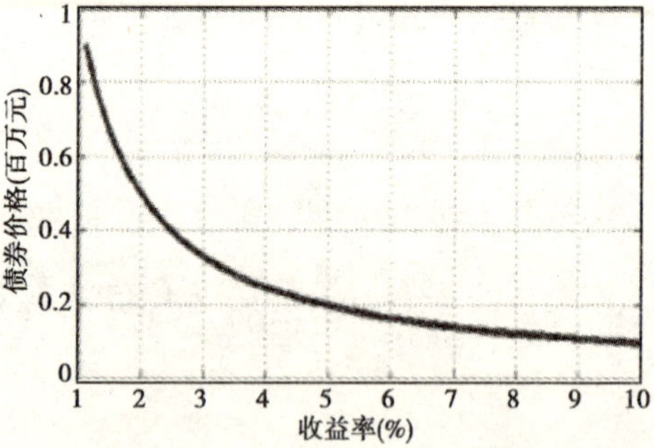

图9　收益率曲线

（2）凸性的计算方法。根据凸性的定义，凸性是债券价格对债券收益率的二阶导数，是用来衡量债券价格曲线的弯曲程度。其具体的计算公式如下：

$$C = \frac{\text{久期变化的百分比}}{\text{收益率变化的百分比}}$$

$$= -\frac{\Delta D}{\Delta r} = \frac{1}{p}\frac{d^2 p}{dr^2}$$

$$= \frac{1}{P_0}\left[\sum_{t=1}^{n}\frac{t(t+1)PV(CF_t)}{(1+r)^{t+2}}\right] \quad (18)$$

式中：C 代表凸性；

D 代表久期；

r 代表以年息计算的利率；

P 代表债券价格。

4. 利率敏感度的统计度量方法

（1）标准差与相关系数。利用价格变化的标准差及相关系数这样一些统计量来描述风险，这是金融学中常见的方法，同样也可被用于固定收益证券组合中来描述利率风险。

（2）统计方法在衡量利率风险中的应用。在衡量固定收益证券的利率风险时，我们同样可以计算出不同债券对于利率变动的标准差及相关系数。事实上，每只不同的债券在利率变动的情况下，其价格变动并不相同。我们利用债券的 DV01 值作为债券价格的变化。可利用历史数据的统计分析计算出各只债券及国债期货的波动率及相关系数。

【案例 18】 假定我们根据债券现货及期货历史数据，分别计算出各自随利率变动的标准差及两两间的相关系数矩阵（如表5所示）。[①]

表5　不同期限债券与国债期货的相关系数及标准差

	1年期债券	3年期债券	5年期国债	7年期国债	国债期货
			标准差		
	0.547	0.441	0.382	0.340	0.309
			相关系数		
1年	1	0.920	0.858	0.800	0.743
3年		1	0.967	0.923	0.867
5年			1	0.980	0.930
7年				1	0.970
国债期货					1

假设我们持有x份5年期债券，希望利用卖出相应的国债期货来进行套期保值，除了前面提到的DV01的传统方法外，我们亦可采用最小化两者构成组合方差的方法来确定应卖出合约的份数。

先求出两者组合方差如下：

$$\sigma^2 = Var(\Delta v)$$

$$= (x_5 DV01_5)^2\sigma_5^2 + (x_f DV01_f)^2\sigma_f^2 + 2\rho x_5 DV01_5 x_f DV01_f \sigma_5\sigma_f$$

通过求导，使得方差最小化，得到如下方程：

$$\frac{\partial\sigma^2}{\partial x_f} = 2x_f DV01_f^2\sigma_f^2 + 2\rho x_5 DV01_5 DV01_f \sigma_5\sigma_f = 0$$

① 由于不存在国债期货历史数据，表中的相关系数仅为说明计算方法及运用，数字本身非真实数据。

求解出套保比例为：

$$\frac{x_f}{x_5} = -\rho\left(\frac{\sigma_5}{\sigma_f}\right)\left(\frac{DV01_5}{DV01_f}\right)$$

（3）统计方法与传统方法比较。从上述解得的套期保值比例的结果来看，等式最后一项即为传统DV01方法得到的套期保值比。可以看出，在传统方法上，通常认为期货与对应的债券的相关系数是1，也就是说，两者随利率的变化是完全线性相关的。而实际上，从统计方法上可以看出两者并不是完全线性相关，如果两者相关性程序越低，则套保意义越小。因此，在国债期货推出后，现货与期货两个市场的联动关系，是决定套期保值能否成功的关键。

国债与国债期货

1. 国债发展中出现的问题

目前，虽然我国的国债市场取得了一些成绩，但是，国债流通市场发展仍然存在一些问题。

（1）市场流动性有待进一步加强。目前，国债流通市场的成交量规模与银行间市场建立之初相比有了很大的进步。但是与债券托管总量相比，其换手率还偏低。截至2011年底，银行间市场国债托管总量超过20.22万亿元，而现券全年的交易量67.67万亿元，换手率为334.67%，与国外发达市场相比仍存在差距。从债券交易情况来看，即便是交易最为活跃的跨市场中期国债都无法保证每天存在成交，究其原因，主要有以下两点：一是国债投资机构过于集中，且多为持有到期，从而造成国债市场流通性较差。国债由于其免税以及无信用风险等特征，受到银行的青睐。据统计，在全部国债机构投资者中，排名前三位的分别为国有控股银行、股份制银行和城市商业银行，其总投资额超过95034亿元，约占机构持有国债总量的87.38%，且绝大多数属于银行投资账户，以持有到期为主，从而导致了二级市场流通性不好。二是做市商作用发挥不够充分。目前政策条件的不成熟以及部分做市商做市能力不足，导致目前做市商制度没有能够充分发挥其应有的作用，无法有效地为国债流通市场提供流动性支持。

（2）国债市场分割局面严重。目前，交易所和银行间市场割裂，银行间市场在品种和存量上都占绝对的优势，但债券的流动性相对不足，价格发现功能也未能很好实现；交易所市场债券的成交价格连续性相对较好，但现在债券存量比较小，品种比较单一，大额交易经常会对市场价格产生重大影响，价格出现扭曲的可能性比较大，并传导给整个债券市场，造成市场较大幅度的波动。此外，由于银行等国债主要投资机构无法跨市场交易，造成两市场间国债的交易价格出现差异，同券不同价、不同收益率的现象经常出现，两个市场存在不同的利益水平，还造成统一的市场基准利率难以形成。

（3）准收益率曲线有待进一步完善。基准收益率曲线作为银行间债券市场定价的基础。自市场建立以来一直受到市场管理机构以及参与者的高度重视，经过几年的努力，我国银行间市场债券基准收益率曲线的建立已经初见成效，但仍不完善，究其原因主要有以下几个方面：一是银行间市场某些机构为做交易量产生了部分的虚假交易，其严重偏离真实利率水平的交易价格，对收益率曲线的形成造成了一定的障碍；二是市场的交易依然不够活跃，即使是关键年限的跨市场国债也无法保证每一个交易日均有成交；三是债券柜台市场未受到重视。近几年，作为个人投资者为主的国债柜台市场取得了一定的发展，其柜台债券做市商报价连续稳定，对基准收益率曲线的形成起到很好的作用，但是由于债券柜台市场开通网点少，债券流通品种不足，期限结构不全，使得柜台市场价格揭示作用未能很好地发挥。另外，国债个人投资者对国债流动性认识不足，多数中老年人投资国债当作储蓄产品，投资后不再抛售，也是主要原因之一。

（4）市场缺乏有效的避险工具。从近几年债券市场的交易情况来看，银行间债券市场经常出现单边行情，主要是目前我国银行间市场的交易主体结构比较单一，投资行为趋同，而目前我国的金融衍生品市场刚刚起步，衍生品市场的交易不够活跃，从已经开办的债券远期交易业务以及进行试点的人民币利率互换交易情况来看，市场成交量相对于现货市场而言较为冷清。目前，我国的商业银行和保险公司都持有大量固定利率中长期债券，一旦利率波动，市场利率上升，按照市值计算则隐藏着巨额亏损，但是当商业银行等大型金融机构需要对自身的债券结构进行套期保值操作时，往往又找不到交易对手，避险机制难以发挥作用。

2. 国债现货与国债期货之间的关系

国债现货市场与国债期货市场是国债市场的重要组成部分，它们相辅相成，不可分割。其中，国债现货市场是国债期货市场的基础，国债期货市场的发展，要有成熟完善的国债现货市场作保证。

（1）国债现货市场利率市场化以及由此产生的利率波动风险是国债期货交易产生的直接原因。同时，国债期货价格是对未来国债现货价格的预期，而这种预期主要是建立在国债现货市场利率走势的基础上的。

（2）国债现货规模直接制约了国债期货交易的规模，能有效避免“多逼空”。

（3）合理的国债品种结构有利于国债期货品种的开发和国债期货的交割。

（4）国债现货市场充分的流动性能使国债期货价格在较为合理的价位上波动，抑制国债期货市场的过度投机。

（5）合理的国债现货投资者结构有利于国债期货市场的稳定，带动国债期货市场的规模和资金总额。

国债期货的定价

同参与股指期货一样，国债期货投资者参与市场进行交易时，必须首先了解国债期货如何定价。国债期货的价格分为市场价格和理论价格两方面。一般而言，市场价格围绕理论价格上下波动，因此理论价格的计算过程非常关键。期货理论价格等于相应现货理论价格加上持有成本，这是期货定价的基本原理，这一原理同样适用于国债期货的定价。本部分将结合案例分析解释如何对不同到期期限和利率的国债期货进行定价，并探讨国债期货的价格影响因素、交易特征以及功能。

期货定价原理

国债期货理论价格的计算是国债期货合约市场交

易价格的基础，按照期货定价的一般原理，即持有成本和无套利原理，在一个完全有效率的市场中，国债期货价格等于国债现货价格与持有者从当前交易日至交割日期间持有成本之和。持有成本理论认为期货合约作为相应现货资产在未来的替代物，其实质不是真实资产，而是买卖双方的一份协议，协议双方约定在未来某个时间买卖现货，而签订协议之时并没有资金转移。作为期货合约的卖方，只能等到约定交付的时间才能得到现金，此前会产生因持有现货而损失的利用可得资金创造的收益。相应的，买方却能因为推迟买入现货而获取这部分收益。因此，期货合约理论价格必然要能弥补这部分超出现货价格的融资或持有成本，即国债期货理论价格 = 现货价格 + 持有成本。除此之外，国债期货合约对应的标的债券是一种能带来现金收益的资产，期货买方会因为没有立刻买入这一资产而没有获得这部分现金收益，合约卖方则因持有标的债券而获取相应现金收益，减少其持有成本，因此，持有期货合约的净成本应该是融资成本减去现金收益的部分，即持有成本 = 融资成本 - 利息收益。

对于既定的交割日期和最便宜可交割债券，相应国债期货合约的理论价格可以运用持有成本模型来计算。持有成本模型建立在无套利原理之上，在摩擦成本小到可以忽略的金融市场中，任何市场价格对价值的偏离都会导致套利机会出现，套利行为最终将促使二者趋于一致。如国债期货价格偏离其理论价值时，投资者可以利用市场的缺口，低价买入，在较高的市场中卖出，最后同时平仓而获取套利收益，促使国债期货的价格向理论价格回归。具体来看，如果国债期货价格低于无套利均衡价格，投资者可以通过卖出现货的同时买入相应数量的期货合约，持有至到期日交割以获取无风险收益；如果国债期货价格高于无套利均衡价格，则买进现货同时卖出相应数量的期货合约，同样持有到期并交割获取无风险收益。

持有成本模型是建立在市场充分有效率的假设之上，因此必须满足以下条件：

（1）国债期货标的资产具备无限可分的特性，或者说债券数量可以为分数；

（2）借入和贷出的标的债券的利率是一定的；

（3）资金利率是相同的，而且是已知的固定常数；

（4）卖空现货没有限制，而且马上可以得到对应货款；

（5）没有交易税收和交易成本；

（6）无保证金成本；

（7）期货合约没有违约风险；

（8）现货价格已知；

（9）对应标的债券具有足够的市场流动性。

国债期货定价

国债期货定价的基本要素包括名义标准券、转换因子、可交割债券、最便宜可交割债券（CTD）等。

1. 可交割债券

从全球主要期货交易所交易的国债期货品种以及交割方式来看，多数交易所为保证国债期货合约交割的顺利进行，设计的国债期货合约并不限于单一券种，而是采用名义标准券的形式，剩余期限符合规定范围的国债都可用于交割。中国金融期货交易所拟上市的国债期货是以 5 年期、3% 票面利率的中期国债作为标的券，因此，其建立在一系列可交割的国债基础之上。按照交易所规定，任何在合约第一交割日还有 4 ~7 年剩余期限的国债都可用于 5 年期国债期货合约的交割。可交割债券之间的价格和属性差异导致了卖方选择权的存在。

2. 转换因子

当合约到期进行实物交割时，可交割债券的票面利率、到期时间各不相同，因此必须确定各种可交割债券转换成名义标准券的换算比例，这个比例就是转换因子。名义标准券的使用是为了避免单一标的可能造成的流动性不足从而引发操纵行为，同时令到期日相近的不同国债的市场定价紧密相联系。转换因子将不同期限和票面利率的可交割债券同名义标准券一一对应起来。

计算转换因子的时候，债券的剩余期限取 3 个月的整数倍，多余的月份舍去。如果取整数后，债券的剩余期限为半年的倍数，就假定下一次付息是在6个月之后，否则就假定在3个月后付息，此时累计利息应从贴现值中扣掉，以免重复计算。实际交易过程中，不需要投资者计算，交易所会在每个合约上市时统一向市场发布各上市合约的可交割债券和转换因子。中国金融期货交易所发布的转换因子精确到小数点后4位，进位方式不采用四舍五入，而是直接舍去小数点五位往后的，比如，1.04126 发布时就是1.0412。按照保留四位小数计算，面值百万的期货合约交割价格精确到元。

基于中国金融期货交易所仿真合约，假设 C 为某可交割券的票面利率，T 为剩余期限（4～7 年），I 为交割日距下一付息日的应计利息，则转换因子的计算公式为：

$$CF = [\sum^{T} \frac{C}{1.03^{t}} + \frac{100}{1.03^{T}} - I]/100 \qquad (19)$$

从转换因子的计算公式，我们可以发现以下规律：

（1）对于给定交割月份和利率的国债期货合约而言，一种可交割债券的转换因子将是固定不变的，不会受时间改变和该债券交割变化以及期货价格变化的影响。

（2）可交割债券实际票面利率高于国债期货合约票面利率3%时，其转换因子大于1，并且实际票面利率越高，转换因子越大。反之，可交割债券实际票面利率低于国债期货合约票面利率3%时，其转换因子小于1，并且实际票面利率越小，转换因子越小。

（3）当可交割债券剩余期限越短时，转换因子就越接近于1。

最便宜可交割券（CTD）

对于不同期限和利息，可交割债券的价值存在差异。对于卖方而言，在交割中具有品质选择权，可通过国债现货、期货报价以及转换因子计算出相应可交割债券的交割成本，成本最低的为最便宜可交割券（CTD）。

判断CTD有几种常见方法：第一种是通过久期，对收益率在3%以下的国债而言，久期最小的国债是最便宜可交割债券。对于收益率在3%以上的国债而言，久期最大的国债是最便宜可交割债券。第二种是对具有同样久期的国债而言，收益率最高的国债是最便宜可交割债券；最后一种可靠的标准是隐含回购利率最高的国债。

虽然国债期货合约同其他期货品种一样，真正持有到期进行实物交割比例较小，按成熟市场的情况，约为5%以内，但是最便宜交割券和实物交割制度一并决定了国债期货合约价格与现券价格之间的收敛性。

最便宜可交割债券计算案例：

假设三种可交割债券的报价和转换因子如表6，对应期货合约报价为93.5元，计算CTD。

表6　　债券报价和转换因子

国债	报价	转换因子
1	144.5	1.5186
2	120	1.2614
3	99.8	1.38

根据表中数据，可以求出三种可交割券的交割成本：

国债1：144.5－（93.5×1.5186）＝2.5109

国债2：120－（93.5×1.2614）＝2.0591

国债3：99.8－（93.5×1.038）＝2.747

因此，国债2为最便宜可交割券。

最便宜交割债券与转换因子的关系

一般而言，当收益率高于转换因子的虚拟收益率时，转换因子对票面利率较低或者期限较长的债券更为有利；当收益率低于转换因子的虚拟收益率时，转换因子对票面利率较高或者期限较短的债券更为有利；当收益率曲线向上倾斜时，转换因子对期限较长的债券更为有利；当收益率曲线向下倾斜时，转换因子对期限较短的债券更为有利。

国债期货定价公式

国债期货的定价原理与一般期货相同，采用持有成本和无套利定价原则，但由于标的物和交割制度的特殊性，使得国债期货在定价时相对复杂一些，主要体现在国债期货的定价会随着CTD的变化而发生改变，以及需要利用转换因子将其转化为标准券。

国债期货基本的定价公式是：

$$F_t=\frac{(S_{CTD}-1)\ e^{r(T-t)}-AI}{\text{转换因子}}$$

其中，F表示国债期货合约的理论报价，也是国债期货的理论全价；

T表示国债期货的交割日；

I表示CTD在时间t到T之间所派利息收益的现

值；

S_{CTD}表示 CTD 的全价；

r 表示无风险利率或者回购利率；

AI 表示 CTD 在定价当日的应计利息。

对于给定可交割债券，转换因子是不变的，因此，在某特定时刻，确定了 CTD，也就可以计算出国债期货的理论价格。

【案例 19】 假设 11 附息国债 21 为最便宜交割债券，以此计算 2011 年 11 月 28 日 TF1203 合约理论价格，计算国债期货价格可以分为以下四个步骤：

第一步，获取 11 附息国债国债 21 现货价格信息：Pt = 100.8352；AIt = 0.4587；r = 0.035。

第二步，计算持有期间获得的利息收入，因为 s > T，所以，利息收入为 0。

第三步，计算可交割债券在交割日的应计利息 AIt = 1.5258；11 付息国债 21 的转换因子为 1.0381。

第四步，将以上信息代入理论期货计算公式可得：

$$F_t = \left[\frac{(P_t + AI_t)\left(1 + r \times \frac{T-t}{365}\right) - AI_t}{CF}\right]$$

$$= \left[\frac{(100.8352 + 0.4587)\left((1 + 0.035 \times \frac{107}{365})\right) - 1.5258}{1.0381}\right]$$

$$= 97.11(\text{元})$$

因此，2011 年 11 月 28 日，TF1203 的理论价格 1 为 97.11 元。

通过计算，2011 年 11 月 28 日 TF1203 的理论价格为97.11元。需要指出的是，在现实的市场环境下，由于存在交易成本、保证金制度、卖方交割选择权、融券限制、卖空限制、利率的随机性等多种可能影响到利率期货价格的因素。这些因素将增加套利交易的不确定性。因此，真实的市场期货价格并不一定等于由持有成本模型所计算的理论价格，而是会在一定范围内波动，这一波动范围就是国债期货合约的无套利区间。只有期货价格偏离了无套利区间，套利利润大于所有支出成本时，市场才有套利机会出现，否则，即使期货市场价格不等于理论价格，投资者也不会进行套利交易。

国债期货的参与主体

中国金融期货交易所于2012年2月13日推出国债期货仿真交易，引起市场极大关注。从表面上看，与第一只金融衍生品种——沪深300股票指数期货相比，国债期货保证金比例相对较低，然而较低的保证金比例并非意味着其投资主体向散户的靠近。相反，国债期货的推出旨在完善国内金融市场体系，提高金融机构的整体抗风险能力，促进利率市场化的稳步推进，其现券结构和持有特征也决定了国债期货的参与主体是以银行等为主的机构投资者。

1. 机构投资者

债券市场的机构投资者主要包括一些金融机构，如银行、社保基金、保险公司、券商自营、投资信托公司、公募、私募基金、信用合作社、国家或团体设立的退休基金等组织、国外政府或者其他投资者。国内债券市场经过近几年的发展，逐步形成以国有商业银行、股份制商业银行、保险公司为主的机构投资者结构，城市商业银行、农村信用社充当自营商的功能，证券公司、基金公司则兼营跨市场运作。机构投资者在投资国债现货的时候，为应对利率波动风险，存在较大的国债期货投资需求。

（1）银行。参与到债券市场的银行类机构可分为中央银行和商业银行两个层面。中央银行通过买卖国债等公开市场操作的形式，投放或回笼基础货币，通过这些操作来调控商业银行超额准备金，以实现货币量调节。总体而言，中央银行参与国债市场不以盈利为目的，其参与国债流通市场的主要目的是制定相应货币政策，以实现对宏观经济和微观企业的调控。商业银行参与国债交易的主要目的是实现资金收益，在确保资金的安全、有效性前提下，通过对国债类资产的投资配置，提高存量资金的运行效率和收益。从商业银行的资金来源来看，其资金大部分来源于个人和企业客户存款，小部分来源于金融机构之间的拆借和中央银行的再贷款，资金具有流动性大和短期性特征。因此，商业银行参与的国债交易部位也多以短期国债为主，博取国债与银行间资金收益的利差。

(2) 保险公司。从保险公司的业务结构来看，其与投保人签订保险合同，按照合同定期接受投保人的保险费，因此其聚集众多零散投保人的资金，需在某些特定时期保证一定额度的支付，其他时间则相对保持稳定和持续。可见，保险公司资金来源的稳定性、长期性和定期偿还性决定其资金运用的长期性和安全性，收益率稳定、安全的国债品种已成为保险公司投资组合中必不可少的配置渠道。通过投资国债，保险公司获取的是国债收益率和保险单固定利率之间的价差。

(3) 退休基金。退休基金是从公司收入中定期、定额扣除而积累起来的，是为公司雇员在退休前积累下的终身年金。退休金开支在财务上可视为公司负债，因此其在某段时间内保持相对稳定。在资金运用上，公司往往采取稳健的投资方式，诸如投资国债来应对这种长期稳定负债。投资国债的风险由公司承担，相应收益部分亦归其所有，国债品种的低风险性令其面临的风险也往往较小。

(4) 投资公司。投资公司是指专门从事集中广大投资者的零散资金，对各种不同的证券进行投资的机构。投资公司的目的是提高投资收益，降低投资风险，因此较为注重分散投资，善于及时分析各种市场因素，承担风险能力较强。从组织形式上看，投资公司可分为信托型、公司型和其他型。信托型由信托业务机构来接受公众委托，按委托规定从事经营；公司型大多数由证券交易商组成，雇用有经验的证券专业人员从事证券经营；其他类型包括保险公司将年金收入者的年金投资于证券，以及银行作为代理人根据授权将一定存款混合运用于投资，两者最终目的都是为了获取一定的投资收益。

（5）国债基金。国债基金是集中个人投资者零散的资金，由专门的管理机构按一定规则进行国债市场投资的组织形式，众多个人投资者通过将资金交由此类专业性、集中度较高的专业国债管理机构打理，间接参与到国债投资和交易中，确保获得不少于国债平均票面利息收入的收益。国债基金投资在国家规定的投资比例要求下组合投资，具有较高的安全性。从发达国家市场的国债投资结构来看，机构投资者是国债交易的主体，但本质上，机构投资者的资金来源依然是零散资金和个人投资者。无论是机构投资者还是个人投资者的参与，都能为国债市场的流通和发展作出重要贡献。

2. 个人投资者

国债的个人投资者主要是那些风险偏好较低且收益率要求高于银行存款的个人。从发达国家的国债市场投资者结构来看，个人投资者并非流通市场中的主体，机构投资者仍是市场交易中的主体。有国债投资需求的个人投资者有对宽裕资金投资和保值需求，而国债期货为其提供了利率波动风险管理工具，为其提供了组合投资、套期保值等多样化的投资手段。

国债期货较其他期货品种而言具有专业性更强的

特点，因此，国债期货的上市会参照股指期货，建立相应的投资者适当性制度。从参与门槛上看，旨在为机构投资者提供避险工具的国债期货入市门槛应该不会低于股指期货的入市门槛，此外还会要求投资者具备相关的资质资格，掌握基本的国债专业知识，贯彻和落实投资者适当性制度，以保护投资者的合法权益，完善市场交易机制，确保国债期货品种的平稳有效运行。

国债期货价格的形成及影响因素

1. 国债期货价格的形成

国债期货市场价格是期货交易的基本要素，国债期货的价格是以国债现货作为基础、买卖双方通过竞价方式形成的一系列期货合约的价格，其形成机制不同于现券，具有期货交易的基本特质。国债期货交易双方通过买卖来决定价格，交易所设定的包括持仓限额、涨跌停板在内的一些制度则有利于防止个别参与主体对期货价格的操纵。

国债期货市场的运行特征使得国债期货定价近似于完全竞争下的市场化竞价。首先，国债期货合约是标准化合约，相同期货合约之间具有同质性；其次，国债期货市场上买卖双方可以根据市场形势判断当前情况，也可以依据远期合约价格了解未来趋势。在国债期货市场上，期货交易由双方公开竞价方式产生，并实行价格报告制度，因此，期货市场是一个公开和透明的市场。对所有交易者而言，市场信息是完全的，获取价格信息的成本是最低的。此外，在期货市场自有的一套高效的自律机制下，各种规章制度较为健全，政府不直接对市场干预，有利于市场化价格的形成。正是市场完全竞争的特性，使得国债期货市场的价格形成具备以下特点：

（1）在国债期货市场，影响价格的供给和需求因素众多，期货交易方式的特殊性将众多国债现货市场以及其他市场的投资者汇聚到一起，在更大范围内形成了国债期货价格。

（2）国债期货市场价格形成过程具有充分的竞争性和公开性。国债期货市场价格是买卖双方通过各自的经纪人，在交易所采取公开叫价的方式最终确定的。买卖双方为各自利益，必将充分利用自己所拥有的信息，对价格走势进行预测，并采取相应措施，力争以对自己最为有利的价格成交。

国债期货具有交易价格不确定性和交易者的广泛性特征，因此最后形成的国债期货价格是一个自由竞争的产物。期货交易所禁止任何不经公开竞争达成交易的行为。另外，期货交易通过买卖合约实现标的资产所有权转移的交易方式，将国债现货的实物交易方式转化成合约买卖，使得现券交易更为便利和快捷，从而吸引各类投资者，信息在市场的传播速度也大大加快，增加了国债期货市场交易的透明度。因此，国债期货价格是一种公开和竞争性的价格。

（3）国债期货市场价格形成机制是动态和连续的。期货交易的一个显著特点是投资者频繁和大量交易的同时参与。在国债期货这个公开交易市场上，期货交易所实施的价格报告制度令所有期货交易者能够方便地获取价格信息。随着交易过程的动态发展，期货交易的买卖双方不断对市场价格作出修正和调整，修正过程亦动态反映国债期货当前和未来价格的变化，期货投资者可以根据行情的实时变化，将对市场价格判断付诸实际决策。

（4）国债期货价格的预期性较现货强。国债期货交易较现货而言，包含一定的远期因素，是对未来某一时间国债价格的约定，在持有国债期货合约期间，必须支付一定持有成本，这种远期因素通常在国债期货价格中得以体现。因此，国债期货价格是众多投资者对未来价格走势预期的体现，能比较准确地提前反映未来市场的供求状况。这种对未来价格的预期，不仅为套期保值者提供规避风险的机会，而且也利用投机者的频繁交易平滑了市场波动。

（5）国债期货价格的形成具有统一性。国债期货作为标准化合约，在统一的场内市场交易，形成了银行间市场、交易所市场、柜台交易之间联系的枢纽，令分割的市场形成一个统一整体。国债期货在交易所成交的价格会迅速对外，全国各地投资者能够及时获取交易所价格信息，套利机制的存在，令交易所同一品种间的价格差迅速消失，期货合约价格在时空上同样保持一致。

2. 国债期货价格的影响因素

国债现货价格决定期货价格走势。总的来说，国债价格是随着国债市场供求状况的变化而变化的，国债价格的变动直接受市场的供求关系的影响。当市场上的国债供过于求时，国债价格下跌；反之，国债价格则上涨。因此，分析国债期货价格变动的因素，可以从影响国债现货供求关系的因素中寻找。影响国债供求关系的因素，主要有以下几方面：

（1）经济发展状况。经济景气状况，对国债市场行情影响很大。当经济处于衰退时，央行通常会采取降息手段降低市场利率，投资债券的风险较小，资金纷纷转向国债投资，国债价格也随之上升；另一方面，经济衰退期，企业盈利能力下降，造成股票市场价格下跌，从股票市场流出的资金也会有一部分转移到债券市场，促使国债价格上升。反之，亦然。

（2）利率水平。从国债的定价公式来看，国债价格与利率之间呈现反向变动关系。国债是一种固定收益产品，市场利率直接影响着国债的价格和收益率。利率变动主要通过影响债券投资者的机会成本和债券发行主体的业绩来影响债券价格，如利率上升令投资者机会成本上升，要求更高的预期收益率，而发行主体的债务负担加大，业绩下降，令债券价格下降。此外，当市场利率上升时，资金收紧，投资国债的资金减少，国债价格下跌。当市场利率下降时，信贷放宽，流入国债市场的资金就增加，需求增加，国债价格上升。

（3）物价高低。物价的涨跌也会引起国债价格的变动，从代表物价水平的CPI指标与宏观经济政策之间的关系来看，CPI变动会引起央行货币政策的调整，利率政策的变动又会引起国债价格的变动。当物价上涨时，一方面出于保值的考虑，人们会将资金投资于房地产或其他可认为保值的物品，国债供过于求，从而引起国债价格下跌；另一方面，为应对过快上涨的物价水平，中央银行会采取提高利率等控制措施来平抑物价。这样，伴随利率的上升，国债的收益率也会提高，而国债价格则随之下降。同样，在物价下跌时，预计利息下降，国债的收益率降低，造成国债价格上涨。

（4）新发国债的发行量。政府为了弥补财政赤字或提高政府购买力而发行国债，因此如果国家财政收入不足，通常需要发行国债来筹集资金。可见，国债发行与财政赤字关系密切，自2006年开始，我国实施的是国债余额管理制度，由政府统计历年预算差额值并汇总，财政部可以在规定限度内选择发行量。对市场而言，新发国债的发行量与国债需求一起对国债价格产生影响。随着国债发行量达到一定程度，金融资产相应增加了，就不会给市场造成压力。然而，当新发国债的发行量超过一定限度时，就会打破国债市场供求平衡，使国债价格下跌。

（5）财政收支状况。政府财政收支在一个年度周期内，会出现盈余和收不抵支交替出现的情形，当资金结余，财政盈余资金存在银行，收不抵支时，则依赖向社会发行公债来达到收支平衡。那么在资金盈余时，国债需求增加价格上升，发债则令供给增加国债价格下跌。

（6）汇率。汇率变动对国债市价行情也有较大影响。在其他条件不变的情况下，一方面本币升值将减少出口，贸易顺差增速下降，外汇占款下降带来的资金增长下滑，减少债券需求；另一方面本币升值导致资本流入，增加对国内债券的需求，因此，本币升值对债券价格的影响取决于两种效应的相对强弱。从不同货币标价的角度来看，当某种外汇升值时，就会吸引投资者购买以该种外汇标价的债券，使国债的价格上涨；反之，当某种外汇贬值时，人们则抛出以该种外汇标价债券，国债价格下跌。

（7）国债的期限长短。国债期限长短与票面利率同向变动，其通过影响票面利率直接影响着国债的发行价格。期限本身意味着不可预知的风险程度，只有以较低的价格出售，才能确保投资者收益最大化。

（8）债券的流动性。特定资产以较低成本转化成现金的速度是影响资产需求的重要因素之一。投资流动性高的债券，资金比较安全，在投资者需要现金时也容易脱手转卖，这种债券可以把利率定得低一些，价格高一些。市场对流动性较差的债券定价往往较低一些。

（9）债券的预期回报率。其他因素不变的情况下，某资产相对其替代资产的预期回报率变化会影响对该资产的需求数量。利息支付方式不同也会产生不同的预期回报率，分次付息相当于复利计息，一次性付息有单利计息和复利计息两种。计息方式不同，债券的票面利率及发行价格也不相同。通常，复利计息债券的发行价格应定得高一些，单利计息的发行价格应定得低一些。

（10）金融政策。随着金融市场的完善和中央银行宏观调控力量的加强，中央银行的金融政策工具会直接或间接地影响国债市场行情。为调节货币供应量，中央银行信用扩张时，在市场上抛售债券，债券价格就会下跌；当信用紧缩时，中央银行又从市场上买进债券，这时债券价格会上涨。

国债期货的交易特征

国债期货交易是一种复杂的交易方式，它具有以下主要特点：

1. 国债期货交易的成交与交割具有不同步性

在期货交易中，成交与最终的交割是分开来的，这一点与现货交易成交后即进行钱券交收两清的交易方式有明显的不同。国债期货交易的成交与交割的时间间隔，一般是以月为单位计算的，或者是以每年特定的某几个日期作为交割日。从这种成交与交割分离的情况来看，国债期货交易与国债远期交易有诸多相似的地方，即均是在未来的某一特定时间买卖双方按照预先规定的价格和数量进行钱券交收的。其实，国债期货交易本来就是在国债远期交易的基础上发展起来的交易方式。不过，国债期货交易在技术性、复杂性以及规范性等方面都要远远高于国债远期交易。

在期货交易中，交易与最终交割是分开的，这与现货交易的盘后钱券两清的方式存在较大差异。国债期货的交易和交割的时间间隔，通常以月为单位计算，或者将特定的某个时间作为交割日。从这种成交和交割分离的情形看，国债期货和远期交易有很多类似的地方，如均在特定的时间按照预定的价格和数量进行钱券结算。国债期货本质上是国债远期交易形式的衍生和发展，只不过国债期货在技术和规范方面要高于国债远期交易。

2. 国债期货必须在指定的交易场所内进行交易

国债期货交易是一种规范化的交易，通常是在期货交易所进行的，不允许在场外或私下里进行交易，不允许私自对冲。交易所是期货交易的中介，它不仅为交易双方提供交易场所，而且还要制定、颁布有关交易的各项规章制度以保证交易的有序进行。更为重要的是，它还是期货交易中所有买方的对手——卖方，同时又是所有卖方的对手——买方，即期货表现为投资者与交易所之间签订契约。这一点也是国债期货交易与国债远期交易不同的地方，国债的远期交易可以是投资者之间直接签订买卖合同，而且买卖双方也可以在场外自行交易。

3. 国债期货交易的标的具有双重意义

国债期货交易标的的双重意义是指：首先，国债期货交易的标的是国债券，国债期货交易如果到期交割，其交割的对象是政府实际发行的国债券，而非其他债券。其次，国债期货交易双方买卖的是标准的期货合约。因此，国债期货交易的对象是标准的国债期货合约，而期货合约规定的用于交割的交割物是具体的国债券。标准的国债期货合约与实际的国债券是完全不同的。这体现在：一方面，标准的国债期货合约本身并不是政府的债务，只是它所规定的交易物是政府发行的国债；另一方面，标准的国债期货合约具有不可分割性。它所载明的国债数量、交割期限、买卖的价格等都是事先确定好了，不能分拆的。投资者只能一次性地买卖这份合约，而不能将其分解为若干份。

4. 国债期货交易实行的是保证金交易制度

在国债期货交易中，投资者一般仅交付很少的保证金，就可以买卖一份国债期货合约，而这份国债期货合约所规定的到时交割的国债数量则相对较大。国债期货合约规定的面值除以保证金的数值就是国债期货交易的放大倍数。例如，我国以前开展的国债期货交易中，当时上海证券交易所曾规定非会员公司投资者每买卖一份国债期货合约仅需要交纳 500 元的保证金，而当时上海证券交易所规定的一个国债期货合约的面值是20000元，这就等于是放大了40倍。正因为国债期货交易属于杠杆交易，具有放大风险和收益的功能，所以其可能发生的盈亏一般都比较大，属于典型的高风险交易品种。也正因为如此，国债期货交易一般实行无负债的每日结算制度，以便控制风险，即投资者的盈亏每天交易结束后都要结算出来，出现盈利，投资者可以提取出来另作他用，出现亏损的投资者则必须在限定的时间之前补足。

5. 国债期货交易一般很少发生最终的实物交割

国债期货买卖的是标准的期货合约，而且其成交与交割不同步，因此，大多数的国债期货投资者在交割之前往往已经作了一个与原先买卖交易相反但数量相同的交易，这样就结束了原先的期货合同，最终的盈亏则表现在两次交易的价差上。这一点也是国债期货交易与国债远期交易不同的地方。国债远期交易到交割日时，买卖双方一般是要按照事先确定好的价格进行钱券交收的。此外，在国债期货交易中，投资者既可以选择先买后卖，也可以选择先卖后买。而在国债现货交易中，除了信用交易外，只能是先买后卖。

6. 国债期货交易是一种风险远大于现货交易的金融衍生品交易

国债期货实行的是保证金交易制度，在正式交割或者结算之前，投资者只需要交纳少量的保证金即可，所以，其蕴含的风险和可能的获利都是巨大的。投资者稍有不慎，就可能被强行平仓，而不是像现货交易那样，即使被套牢，还是有扭亏为盈的可能。此外，国债期货交易是有时间约束的，过了交割日，合约就不存在了。

国债期货的功能及作用

金融衍生产品的诞生源自其所特有的风险规避功能。金融衍生品市场是一个完全由供求决定价格的自由市场，买卖双方根据掌握的信息，充分竞争，形成对未来市场供求的理性预期，其价格一般是真实、合理的，具有较强的前瞻性，对现货市场的价格走势具有指导意义。国债期货作为金融衍生品的一种，在服务经济时具有不可替代的作用。

1. 国债期货交易可以有效地管理利率波动风险，为我国国民经济体系提供利率风险防范机制和工具

随着市场化改革和放松金融管制的要求，20 世纪 90 年代中期以来，中央银行加快了推动利率市场化的步伐，利率风险呈现出逐步扩大的趋势，2012 年中央银行的非对称降息进一步扩大了利率的波动幅度和范围。市场主体对于利率风险管理工具的需求越

来越强烈，而国债期货正是利率风险管理的有效工具。国债期货是标准化的合约，通过在国债期货市场上建立相应的空头或者多头头寸可以有效地规避利率市场波动带来的潜在风险，从而锁定利润，保障预期的收益。

当然，通过国债期货对利率风险进行管理并不意味着能够彻底消除利率波动的不确定性，国债期货的主要作用是，使得那些有避险要求的单个经济实体或某一市场能够根据自己所能够承受的风险程度，事先锁定利率波动的区间，或者是将利率波动的风险分散给更广泛范围内的主体承担。在这方面，国债期货可以起到应有的作用，国债期货是主要的资产利率风险管理工具。

此外，国债期货具有价格发现的功能，即能够反映利率水平的未来走势。国债期货主要是因利率波动的风险而创造的。由于其标的变量——国债的安全性高、流动性好的特点，能够满足市场各方参与者的交易需求，吸引了大量的参与者进行交易。这样，整个市场就汇聚了各方的信息，形成了一个公开、公正、透明的交易市场。这个市场所形成的价格也是权威的，能够反映未来利率水平的走势。

2. 国债期货交易能提升国债市场功能，促进国债市场发展，完善我国金融市场体系

国债期货的推出可以为国债现券、回购交易提供价格发现、套期保值与资产配置的场所，丰富投资者

的交易策略，从而有利于促进国债现券、回购交易的规范发展。

（1）促进国债市场的价格发现。由于期货交易的成本低、市场流动性强、透明度高，可以吸引更多的投资者，从而会使更多的信息传导到现货市场，促进国债市场发现价格。通过开展国债期货交易，可以大大提高国债市场价格对信息反应的灵敏度，使价格能够更加快速、准确地反映国债市场相关信息的变化，从而提高国债市场的价格发现效率。

（2）促进国债市场规避风险。国债价格随着利率的波动不断变化，通过国债期货可以进行套期保值交易，规避利率风险。在回购交易中也是如此。实践表明，国债期货等金融衍生品的发展大大增强了国债市场上投资者的抗风险能力，增强了国债市场的弹性和流动性，维护了金融体系的健康和稳定。

（3）提高市场流动性。国债期货交易将提高国债市场的流动性，提高国债市场的效率。国债期货市场采用的做空机制可使国债投资者在利率变动时可以通过主动交易规避风险，而不是采取被动持有的策略；保证金交易所具有的低交易成本优势可吸引更多新的投资者和投机者进入国债市场。这将改变国债现货市场投资者分布不均的局面，扩大国债需求。

（4）丰富交易方式。目前，我国国债交易只有现货和回购交易两种方式，交易方式的单一已经成为阻碍我国国债市场健康发展的瓶颈，也助长了我国国债市场上投机炒作的风气。开展国债期货交易，将进一步丰富我国国债市场的交易方式，为国债市场投资者提供新的风险管理工具，促进我国国债市场的健康发展。

（5）促进套利交易。国债期货交易的推出，与国债现券、回购等结合，可以有效丰富国债市场的投资策略，在比较隐含回购利率和回购利率的基础上，促进三者之间的套利交易。

3. 开展国债期货交易能为我国利率市场化的最终实现创造条件

从本质上讲，国债期货交易要以利率市场化作为前提条件，但另一方面利率市场化又需要国债回购、期货和期权市场作为配套的市场机制。由于国债利率是利率市场化的排头兵，更需要国债期货市场的起步和发展作为呼应。

4. 恢复和发展国债期货交易是完善期货市场，发展金融衍生产品市场和参与国际金融竞争的现实需要

发展金融衍生产品有助于完善我国金融市场体系，提高国际竞争力，而恢复国债期货交易可以作为我国发展金融衍生产品市场的切入点。由于20世纪90年代初国债期货交易试点积累了开展国债期货交易的经验和教训，也培养了一批专业人才，另外国债期货与其他金融衍生品种相比风险较小。恢复和发展国债期货交易是继股指期货之后发展金融衍生产品市场的又一契机。

国债期货合约的解读

作为利率期货中最重要的品种，国债期货是当前全球交易量最大的期货产品之一。在美国，利率期货的交易量占所有品种期货合约交易量的1/3以上。在海外主要市场中，国债期货的交易已有数十年历史，而随着我国改革开放的深化，利率市场化进程加快，市场对规避利率波动风险工具的需求日益增强。

我国在20世纪90年代也经历了国债期货的短暂探索，但时至今日，现券市场发展早已今非昔比，国债期货合约设计也已焕然一新。同时，国债期货与同属金融期货的股票指数期货并不是简单的相似，它们在交易对象、报价方式、交割结算等规定上存在明显的差异，不能仅仅依靠股指期货的经验来“凭空”认识国债期货。因此，对于欲参与国债期货交易的投资者，认真了解国债期货合约设计与交易规则是非常必要的。下面让我们真正来认识国债期货。

国债期货合约的构成

国债期货，是指通过有组织的交易场所预先确定买卖价格并于未来特定时间内进行资金与债券交割的国债派生交易方式。投资者只需支付一定数量的保证金，就可通过交易场所按规定的标准化合约来买卖远期的国债。

表7是中国金融期货交易所5年期国债期货仿真合约，我们结合该仿真合约与海外市场核心的国债期货合约来介绍国债期货合约的组成要素。

表7　　中国金融期货交易所5年期国债期货仿真合约

项目	内容
合约标的	面值为100万元人民币，票面利率为3%的中期国债
报价方式	百元净价报价
最小变动价位	0.002元（每张合约最小变动20元）
合约月份	最近的3个季月（3、6、9、12季月循环）
交易时间	9：15～11：30，13：00～15：15；最后交易日：9：15～11：30
每日价格最发波动限制	上一交易日结算价的±2%
最低交易保证金	合约价值的2%
当日结算价	最后一小时成交价格按成交量加权平均价
最后交易日	合约到期月份的第二个星期五
交割方式	实物交割
交割日期	最后交易日后的连续3个工作日

续表

项目	内容
可交割国债	在交割月第一个自然日剩余期限为4~7年的固定利率国债
交割结算价	最后交易日全部成交量加权平均价
合约代码	TF

资料来源：中国金融期货交易所。

1. 合约标的

期货合约是一种标准化契约，同样，国债期货的标的债券也具有标准的面额、票面利率及到期年限。但市场上流通的国债品种繁多，它们往往具有不同的票面利率、到期年限等，因此，国债期货交易中使用名义标准券有利于形成期货单一定价并提高交易效率。顾名思义，这种名义债券只是一种名义上的债券，在现实生活中并不存在。

（1）交易单位。每个品种的期货合约都规定了统一的、标准化的数量和数量单位。国债期货的交易单位是其交易的最小单位。例如，上海期货交易所规定阴极铜期货合约的交易单位为5吨/手。中国金融期货交易所5年期国债期货交易单位为100万元人民币，这一标准的制定与国际市场中长期国债合约水平较为接近。美国中长期国债期货的交易单位为10万美元，日本5年期国债期货的交易单位为1亿日元，英国长期公债期货交易单位为10万英镑，5年新加坡中期国债期货交易单位为10万新加坡元，中国香港3年期外汇基金债券期货交易单位为100万港币，中国台湾10年期政府公债期货交易单位为500万台币。可以看到，按当前汇率换算，各国与我国台湾地区的国债期货合约面值约为60万至130万元人民币。

合约标的设计在考虑国际经验与惯例的情况下，也是符合国内现券市场实际需求的。目前，国内银行间市场的现券单笔成交金额在1亿~2亿元，交易所市场的现券单笔成交金额约为1000万元。因此，5年期国债期货仿真合约面额设计为100万元较为适宜，单笔套期保值交易只需交易10手合约进行对冲。面值太大，则套期保值中不可分割问题就很严重，留下较大的零头风险敞口，并且影响合约交易的流动性；而面值设计得过小，则又会加大套期保值成本。

（2）票面利率。名义债券的票面利率的确定，需要参照当前市场的利率水平和预期随后较长一段时间内的利率水平。票面利率越能反映或接近现实收益率的状况，越有利于国债期货套期保值功能的发挥。如果名义债券利率比现货收益率高很多，会使得某一种债券稳定地成为最便宜的交割债券，增加了市场的可操纵性。随着美国国债收益率的下移，1999年12月，美国将中长期国债票面利率由8%调整为6%。

目前，我国5年期国债期货仿真合约设计3%的票面利率主要基于最近3年上市的中长期国债的票面利率大多分布在3%至4%之间。这样，转换因子接近1。随着债券市场收益率的整体变动，中国金融期货交易所也将适时调节名义债券的票面利率。

（3）债券期限。仿真合约将标的选为5年期国债，主要是考量了现券市场各期限国债的发行量、市场存量、流动性及波动性等因素。5年期附近的这一档国债现货市场容量较大，可交割国债包含5年期、7年期两个财政部关键期限国债，债券供应量稳定，可交割国债存量达到1.6万亿元，券种为36支，抗操纵性强。另外，债券现货持有最大主体是商业银行，银行的持有量占全部国债的50%以上，交易量也占所有交易额的50%以上。从市场需求出发，商业银行的债券久期在5~7年，因此，仿真合约标的选5年期国债也符合套期保值需求，能更好地发挥国债期货的避险功能。

2. 报价方式

境外绝大多数国债期货的报价都采用百元报价，只有澳大利亚国债期货以收益率报价。百元报价指以面额一百元的国债价格为单位进行报价。参照国际惯例，我国5年期国债期货的报价方式也采用百元净价报价，报价精确到0.01元，这也与交易所的现券报价方式保持一致，符合投资者习惯。5年期国债期货合约面值为100万元人民币，因此，国债期货价格1元变化将引起10000元相应期货合约价值的变化。债券的净价，是指扣除按债券票面利率计算的应计利息后的债券价格，即不包含应计利息的债券价格。

3. 最小变动价位

从表 8 可以看到，成熟市场国债期货的最小价格变动价位一般设置为 0.01 元或 0.005 元。下面我们考察我国不同市场的国债最小价格变动。在银行间市场的国债，采用收益率报价，议价到 0.01% 或者 0.005%，转换到价格，相应 5 年期国债价格最小变动为 0.01 元。在交易所场内市场，国债撮合竞价交易平台、上海证券交易所大宗交易平台、深圳证券交易所综合协议平台的最小变动价位 0.01 元。上海证券交易所固定收益平台债券价格的最小变动价位为 0.001 元。

表 8　全球主要市场国债期货最小价格变动

交易所	现货报价	期货报价	
欧洲期货交易所	价格报价：0.001 点	长期欧元债券期货	0.01 点，即每张合约 10 欧元
		中期欧元债券期货	
		短期欧元债券期货	0.005 点，即每张合约 5 欧元
美国芝加哥商业交易所集团	价格报价：按 1/32 报，但其最小变动可以是 1/32 的 1/8 比如 100.11 - 3/8	10 年期国债货	1/32 点一半，即每张合约 15.625 美元
		5 年期国债期货	1/32 点的四分之一，即每张合约 7.8125 美元
		3 年期国债期货	1/32 点的四分之一，即每张合约 15.625 美元
		2 年期国债期货	
伦敦国际金融期权期货交易所	价格报价：0.01 点	英国政府长期国债期货	0.01 点

资料来源：中国金融期货交易所。

根据中国金融期货交易所的统计，2011 年沪深 300 指数期货的日间绝对平均波幅为 28 点，2005 年至 2011 年银行间 5 年国债日间绝对平均波幅为 0.2 元，相对股指期货，国债期货的波动较小且较集中。由于国债价格相对其他金融资产价格而言波动较小，结合国际习惯与上述我国现货市场特点，5 年期国债期货仿真合约最小变动价位暂定为 0.002 元。沪深 300 指数期货的最小变动价位是 0.2 点，2011 年日均平均波动为 28 点，比值为 140 倍。将国债期货的最小变动价位设为 0.002 元，相对平均日间波幅 0.2 元为 100 倍，也是较适合的。

由于每份合约标的面值为 100 万元人民币，而报价方式采取百元报价，即以面额 100 元的国债价格为单位进行报价。因此，期货价格每变动 0.002 元，期货合约价值变动 0.002 元/100 元 ×100 万元 =20 元，即表 7 中“每张合约最小变动 20 元”。目前中国金融期货交易所对国债期货仿真合约的交易手续费收取标准为单边 5 元/手，双边 10 元/手，因此，波动一个基准点，若加上期货公司的佣金，基本也可以覆盖交易成本。

4. 合约月份

交易所为集中国债期货交易量以提高流动性，规定了国债期货合约的交割月，即合约月份。5 年期国债期货仿真的合约月份为最近的 3 个季月，循环运作，因此，市场始终存在 3 份 5 年期国债期货仿真合约交易，沪深300指数期货为4份合约。国债期货采用季月合约符合国际惯例，例如美国中长期国债期货的合约月份为4份季月合约，而我国采用季月合约也可以有效避开春节、国庆等长假影响债券期货价格波动较大影响交割的可能。季月是指3月、6月、9月、12月。如2012年7月挂牌交易的合约有9月、12月以及次年3月的合约，代码分别为TF1209、TF1212、TF1303。其中，TF表示国债期货，前两位数字表示合约年份，后两位数字表示合约月份，TF1303表示2013年3月到期的国债期货合约，与其他品种的期货合约类似。

5. 转换因子

转换因子（Conversion Factors，CF）是国债期货中的一个非常重要的概念，是确定各种不同可交割债券发票价格的不可缺少的系数。通过转换因子的调整，各种不同剩余期限、不同票面利率的可交割债券的交割均可折算成期货合约的标准交割国债价格的一定倍数。

在交割过程中，各可交割国债的票面利率、到期时间等各不相同，因此，必须确认各种可交割国债和名义标准券之间的转换比例，这个比例就是通常所说的转换因子。通俗理解，转换因子就是面值1元的可交割国债到期收益率等于名义标准券票面利率时的价格。

各种符合交割条件的国债现货要由转换系数才能

将不同票息的债券换算成标准规格票息的倍数。一般情况下，若现货国债票息大于期货标准券票息，其转换因子会大于1；反之，其转换因子会小于1。

中国金融期货交易所将定期公布各现货国债的转换因子，无需投资者另行计算。当合约上市时，交易所将公布该合约对应的所有可交割国债的转换因子，每个可交割国债的转换因子在合约存续期内固定不变。

6. 每日价格最大波动限制

每日价格最大波动限制指国债期货每日交割价格的上下限。我国银行间和交易所市场的国债现货交易没有价格涨跌幅限制，但是在国债期货设立的初期，设置每日价格最大波动限制可以辅助抑制过度投机，降低交易风险，防止国债期货功能发生严重异化，避免对证券市场正常交易秩序形成冲击。国际市场中，主要国债期货合约大多也设置涨跌幅限制，如美国长期国库券期货的涨跌幅限制为3%，日本10年期国债期货的涨跌幅限制为2%。我国5年期国债期货仿真合约设定的每日价格最大波动限制为上一交易日结算价的±2%。

7. 交易保证金

5年期国债期货仿真合约将最低保证金水平暂定为2%，与沪深300指数期货相比，国债期货的最低交易保证金12%的标准相比，国债期货的要低很多。这主要是因为国债本身的波动特性相对股票指数的波动特性而言要小很多，而合约价值的2%作为最低保证金要求，已覆盖1个涨跌停板，可以有效控制日内风险。

5年期国债期货仿真合约面值为100万元，参考2%的最低保证金要求，数万元资金即可交易一张国债期货合约，与沪深300指数期货相比，国债期货的入市门槛较低，可以适当促进市场流动性。当然，这里的2%只是最低的保证金比例要求，随着市场利率、政策、行情等因素的变动，或者国债期货逐步临近交割，交易所可能将根据具体情况适度调整相应时期的保证金要求以控制国债期货交易风险。例如，仿真交易规定国债期货合约交割月前一个月中旬起，将最低交易保证金比例提高至合约价值的4%；交割月前一月下旬的第一个交易日起，最低交易保证金比例提高至合约价值的5%。

8. 交割方式和交割日期

通常，绝大多数的期货合约在最后到期前都会通过对冲交易平仓，但仍有少数期货合约被持有至到期交割。国债期货的交割方式主要可分为两种，即实物交割与现金交割。目前，大部分国家采用实物交割，但也有部分国家采用现金交割，如韩国、澳大利亚和新加坡。采用现金交割制度的国家，其现货市场的规模往往不大，其交割券容易受到操纵。中国金融期货交易所推出的5年期中国国债期货合约（仿真交易）的交割方式为实物交割，这与沪深300指数期货的交割方式不同，目前我国沪深300指数期货采取的是现金交割。

目前，采用实物进行交割的交易所在规定交割日期时主要分为两种方式：一种是到期日结束后指定一天为交割日；另外一种是卖方于交割月份任何一天均可提出交割。中国金融期货交易所规定，交割日期为最后交易日后连续3个工作日。交割日期的长短可从交割时机选择权及违约交割的层面来考虑。就交割时机选择权而言，虽然大部分的交易人均不会持有至到期日交割，但是交割日期的长短对避险者仍有一定程度的影响。可交割期间越长者，理论上对持有现货的期货卖方越有利，但该权利反映在期货价格上会使期货的理论价格与实际价格差距拉大，影响期货的避险效果。

9. 交易时间

目前，交易所国债现券交易时间是上午9：30～11：30、下午13：00～15：00，交易所国债现券与股票交易时间同步。银行间国债现券的交易时间为上午9：00～13：00、下午13：30～16：30。虽然每个交易日中银行间国债现券的交易时间比交易所国债现券交易时间长2个小时，其中，上午1小时，下午1小时，但根据中国金融期货交易所统计，11年银行间市场在9：30～15：00期间的成交金额占全天的

91.28%。因此，将一般交易日国债期货的交易时间设定为上午9：15~11：30、下午13：00~15：15与沪深300指数期货的交易时间保持一致，可以覆盖交易所和银行间市场的活跃交易时段。但在合约最后交易日的设计上，国债期货与沪深300指数期货略有差别。在最后交易日中，沪深300指数期货下午仍有交易，而国债期货在上午11：30就结束了交易。这主要是因为，最后交易日和最后交割日之间时间对应于结算过程，最后交易日在上午结束交易可以使期货合约卖方有足够的时间选择买入现货市场上的最便宜可交割债券，以降低卖方违约风险，有利于交割的顺利进行。这一设计也符合国际交易惯例，美国中长期国债期货的最后交易日也于中午结束。

10. 结算价与最后交易日

除欧洲期货交易所与韩国交易所采取收盘价结算外，国际主要的国债期货采取加权平均价结算以避免对结算价的操纵。我国三家商品期货交易所取全天成交量的加权平均价作为当日结算价。中国金融期货交易所的5年期国债期货仿真合约的当日结算价是最后一小时成交价格按成交量加权平均价。最后一小时的加权平均价格作为每日结算价与沪深300指数期货的结算价设计相同，这样在防操纵的前提下又可以尽可能接近当日收盘价，充分反映当前价格水平，保持市场价格的连续性。

在交割结算价的规定上，沪深300指数期货交割结算价采取现指的算术平均价，国债期货与之存在差异。国债期货的交割结算价是计算国债期货交割价格（交割价格 = 交割结算价 × 转换因子 + 应计利息）的基准。5 年期国债期货仿真合约的交割结算价为最后交易日全部成交量加权平均价，最后交易日的交易时间为9：15～11：30，即最后交易日 2 小时 15 分的加权平均价。相比当日结算价，交割结算价相当于延长了加权平均价计算的时间范围，这是因为国债期货交割结算价涉及实物债券的交割，需要更严厉地控制交割结算价被操纵的可能性。

此外，不同于股指期货，国债期货最后交易日为季月的第二个周五，这样在无假期等因素影响的一般情况下国债期货的最后交易日基本处于该合约月份的上半月。由于季末金融机构存在资金和监管考核的压力，往往该时刻由于短期的资金紧张可能引起市场利率的剧烈波动，将最后交易日定为季月的第二个周五可以避开这种情况，保障国债期货平稳交割。

国债期货风险管理设计

为应对国债期货交易中的信用和市场风险，中国金融期货交易所制定了一系列国债期货风险防范措施，主要包括交割保证金、持仓限额、强行平仓、强制减仓、大户持仓报告、涨跌停板等。这些风险管理制度与投资者实际参与密切相关，下面介绍它们的内容与意义。

1. 每日价格最大波动限制

从国际市场来看，国债期货普遍不设立涨跌停板，只有日本和我国台湾地区设定 ±3 日元/台币的绝对值作为涨跌限制。然而，结合我国金融期货属于起步阶段的实际情况，历史经验表明在市场发育初期设立涨跌停板制度能有效维护市场的健康正常运行。具体而言，设立涨跌停板制度可以抑制市场的过度反应与波动，有助于降低面临价格不利变动的交易者的信用风险。

中国金融期货交易所用银行间市场数据对最近 7 年模拟出的国债期货价格测算的数据显示（见图 10），国债期货日涨跌幅未触及 ±2%，且主要分布在 -0.4% 至 0.4% 之间。从价格的极端变化占比来看，当银行间市场涨跌的绝对幅度达 1.3598%、交易所涨跌的绝对幅度达 1.2578% 的时候，占比仅为 0.1%。当然，这也意味着触及 2% 的可能性更低。然而，由于存在基差风险、最便宜债券的改变、过度投机等潜在风险因素，国债期货上市后的实际价格波动可能会大于历史数据模拟测算的幅度，因此，我国将国债期货的涨跌停板设为 ±2%。

对于短期国债期货价格影响最大的因素莫过于中央银行货币政策的调整。而从 2008 年 10 月 8 日的历史情形来看，为在全球金融危机的大背景下保增长，中央银行“双管齐下”罕见地宣布同时调降人民币

图 10　2004 年 12 月 31 日～2012 年 1 月 16 日
期货模拟价格及日涨跌幅

资料来源：中国金融期货交易所。

存款准备金率 0.5 个百分点与一年期人民币存贷款基准利率 0.27 个百分点。即使在这种情况下，7 年期的国债价格的最大变动也仅仅约为 1.8%，很明显，这种极端的条件是非常少见的。因此，设计 ±2% 为国债期货涨跌停板，足以容纳国债市场价格的变化，且不会影响市场流动性。

此外，中国金融期货交易所规定合约上市首日涨跌停板幅度为挂盘基准价的 ±4%。上市首日有成交的，于下一交易日恢复到合约规定的涨跌停板幅度；上市首日无成交的，下一交易日继续执行前一交易日的涨跌停板幅度。

2. 最低交易保证金

保证金是期货风险控制的第一道防线。但保证金设计的比例却很有讲究，过低容易造成保证金账户透支从而增加违约发生的风险，而过高又会增加投资者交易的机会成本，影响市场交易的积极性和活跃度，不利于市场流动性。因此，保证金水平的设定，实际上是风险控制效果和交易成本两者之间的权衡。

国债期货价格波动性很小，境外市场的5年期国债期货的保证金水平一般低于1.5%。但结合我国的实际与涨跌停板的标准，中国金融期货交易所将最低保证金比例设为2%，这样可以覆盖1个涨跌停板的价格波动。

3. 交割期间保证金

境外的成熟期货市场在临近交割期时不上调保证金标准，我国期货市场一般在期货合约临近交割的时候为了防止交割违约，同时抑制交割月逼仓等风险事件的发生，都会随着时间的推移逐级提高保证金比例。国债期货在临近交割的时候适度提高保证金比例也是汲取历史经验教训。

国债期货仿真合约临近交割采取逐级提高交易保证金的方式，交割月前一月中旬的第一个交易日将保证金由正常水平提高至4%，交割月前一个月下旬的第一个交易日起提高至5%。这样，一方面可以减小市场逼仓风险，并确保交割守约方能够获得资金补偿，保障交割流程顺利结束，另一方面也将引导没有交割意愿或交割能力的投资者将交易转向非交割合约，这是因为保证金的提高将提高他们交易的机会成本。

4. 持仓限额制度

对于国债期货的持仓限额，中国金融期货交易所设计了三个层面的相关制度，包括会员限仓制度、客户限仓制度、交割月限仓制度。沪深300指数期货也实行限仓制度，根据2012年5月31日修订后的《中国金融期货交易所风险控制管理办法》及配套通知，目前沪深300指数期货投机限仓为300手。

会员限仓制度目的在于防止持仓过度集中的风险，客户限仓制度能有效防止投资者过度投机所引致的风险。临近交割的国债期货合约的潜在交割违约与逼仓风险增大，因此交割月份合约将比一般月份的合约实行更为严格的限仓制度。截至本书编写时，中国金融期货交易所具体的国债期货限仓标准仍在设计过程之中。表9为欧洲期货交易所国债期货的限仓标准。

表9　　　　EUREX 国债期货限仓标准

合约名称	合约代码	限仓
德国短期国债期货	FGBS	50000手
德国特别中期国债期货	FGBM	65000手
德国长期国债期货	FGBL	70000手
德国超长期国债期货	FGBX	30000手
短期意大利政府债券期货	FBTS	30000手
长期意大利政府债券期货	FBTP	30000手

资料来源：中国金融期货交易所。

根据《中国金融期货交易所国债期货仿真交易业务规则》，目前，5 年期国债期货仿真合约持仓限额具体如下：

（1）合约挂牌至交割月前一月的最后交易日，进行投机交易的客户号某一合约单边持仓限额为 1200 手；

（2）交割月份进行投机交易的客户号某一合约单边持仓限额为 300 手；

（3）某一合约结算后单边总持仓量超过 60 万手的，结算会员下一交易日该合约单边持仓量不得超过该合约单边总持仓量的 25%；

进行套期保值交易和套利交易的客户号的持仓按照交易所有关规定执行，不受前（1）、（2）项限制。

当然，这暂时仅为国债期货仿真合约的限仓规则，中国金融期货交易所也有可能根据仿真交易测试状况与其他实际情况适度修改或调整，届时以实际规则为准。

国债期货交割方案设计

交割是期货交易流程中十分重要的一环，国债期货的交割制度是联系国债期现货市场的纽带，它是实现期货市场功能顺利发挥的保障。期现套利是使期货价格在到期日之前，逐步向现货价格收敛回归的决定力量，而交割制度使得期现套利成为可能，所以期货市场套期保值功能的实现离不开交割制度。一套合适的交割制度能促进国债期现货价格收敛，并有效防范逼仓风险，保障国债期货的平稳运行。

整体上，国债期货实物交割方案设计基于以下三条核心原则：一是方便各类投资者参与交割，促进国债期货价格发现功能的发挥；二是合理设计交割流程，提高交割效率，减小投资者的交割成本；三是有效防止逼仓现象的发生，尽量防止交割违约的发生。

1. 交割制度的选择

（1）现金交割与实物交割。期货合约交割制度的选择上主要有现金交割与实物交割两种方式。现金交割，是指到期未平仓期货合约进行交割时，用结算价格来计算未平仓合约的盈亏，以现金支付的方式最终了结期货合约的交割方式，沪深300指数期货即采取这种交割方式。实物交割，是指期货合约的买卖双方于合约到期时，根据交易所制定的规程，通过转移期货合约标的物的所有权，将到期未平仓合约进行了结的行为，商品期货中主要采取此种方式。

针对各国或地区不同的实际情况，国债期货采取不同的交割方式各有利弊。国际上绝大多数国家或地区的国债期货采用的是实物交割制度，只有澳大利亚、韩国等国债现货市场规模较小的少数国家采用现金交割制度。

我国国债现货存量充足，目前为6.4万亿元，其中，银行间债券市场和交易所债券市场达到国债期货交割要求的现券规模约为1.6万亿元。同时，财政部国债发行日趋规律化，债券回购等市场日益成熟，国债期货已经具备采取实物交割制度的条件。现金交割方式虽然便捷，易实施，但该方式最大的问题是进入交割月份后套期保值交易成本无法核算，因为现金交割价格是不确定的。它不是以现货价格而是以期货价格来交割，其现金交割价格容易被操纵。采取实物交割则可有效发挥国债期货的避险功能。由于我国目前可交割债券规模较大，交割风险较低，采取实物交割的方式更合适。此外，采用实物交割也可以促进现券市场的活跃。

（2）集中交割与滚动交割。集中交割也叫一次性交割，是指所有到期合约在交割月份最后交易日过后一次性集中交割的方式。滚动交割，是指在合约进入交割月以后，在交割月第一个交易日至交割月最后交易日前一交易日进行交割的交割方式，相当于赋予卖方提前交割的权利。国际国债期货市场上，美国和英国采取滚动交割，欧洲期货交易所采用集中交割。目前，我国商品期货市场上，上海期货交易所所有品种均采用集中交割，郑州商品交易所采用滚动交割，大连商品交易所的部分品种采取集中交割，部分品种采用滚动交割。

目前，中国金融期货交易所5年期国债期货仿真合约采取集中交割方式，在仿真阶段集中交割操作简单，方便管理。然而，滚动交割可能更利于国债期货与现货的平稳运行。首先，滚动交割使交易者在交易时间的选择上更为灵活，卖方可提前取得交割货款，提高资金利用率。卖方可选择多次分散交割，缓解在集中交割时所面临的短期资金压力。其次，滚动交割增加了买方“多逼空”的成本和难度。由于滚动交割的交割期比较长，多头若想逼空，必须自交割月的第一个交易日起控制大量的国债现券，不仅需要投入大量资金，还要一直持有这些可交割现券，面对较长时间的市场风险。再次，滚动交割可以防止集中买入和抛售国债现券，减轻一次性交割对现货市场的冲击。最后，同一可交割券可多次用于滚动交割，可增加可交割券实际供应量。这是因为同一可交割券可能在现券市场多次被出售，用于卖方的交割。

根据目前中国金融期货交易所设计的国债期货实物交割方案，国债期货的交割分两个阶段：第一个阶段为交割月第一个交易日至最后交易日的前一个交易日，此阶段实行滚动交割。买方和卖方均提出交割申请后，按照申报时间优先原则选取买方和卖方进入交割。第二阶段为最后交易日的集中交割，即最后交易日未平仓合约自动进入交割程序。

滚动交割中，T 日意向申报，T+1 日卖方交券，T+2 日配对缴款，T+3 日买方收券。集中交割中，T 日为最后交易日，T+1 日卖方交券，T+2 日配对缴款，T+3 日买方收券。

2. 可交割国债范围

5 年期国债期货合约的可交割国债标准为在交割

月第一个自然日剩余期限为4~7年的固定利率国债，主要为记账式国债。

从债券形式来看，我国发行的国债可分为无记名（实物）国债、凭证式国债和记账式国债三种。无记名（实物）国债是一种实物债券，以实物券的形式记录债权，面值不等，不记名，不挂失，目前已很少见。凭证式国债，是指国家采取不印刷实物券，而用填制国库券收款凭证的方式发行的国债。它是以国债收款凭单的形式来作为债权证明，不可上市流通转让。一般情况下，上述两种国债投资者购买以持有到期获得利息收入为主，基本不参与流通交易，因此其利率水平相对记账式国债要高。

目前，记账式国债都是跨市场发行，可在银行间债券市场、交易所市场、商业银行记账式国债柜台市场进行交易结算和托管。国债期货可交割国债的范围暂定为前两个市场托管的记账式国债，这主要是因为当前柜台市场记账式国债存量较低，托管余额不足100亿元，且分散在8家机构。

3. 国债期货实物交割配对原则

为体现中国金融期货交易所中央对手方的责任和方便交割过户，采用中国金融期货交易所开立债券账户的统一交收模式。同一市场中，国债期货的交割卖方将现券转入中国金融期货交易所账户，再由中国金融期货交易所账户转入交割买方的账户，如图11所示。

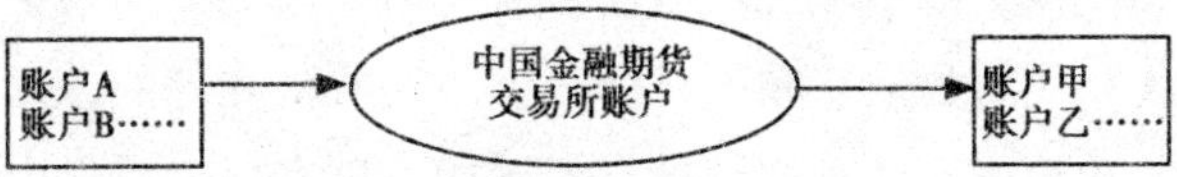

图 11　国债期货交割托管体系

资料来源：中国金融期货交易所。

由于非上市银行不能参与交易所市场交易，而个人投资者无法参与银行间市场，非上市银行的国债现券交割转入其他个人投资者账户则存在跨市场转托管。例如，非上市银行作为交割卖方，而个人投资者为交割买方的情况：交割中，非上市银行作为交割卖方首先需要将国债转入中国金融期货交易所的中债登账户，再由中国金融期货交易所中债登账户转入中国金融期货交易所中证登账户（跨市场转托管），最后转给交割的买方个人投资者。国债期货跨价格市场转托管见图 12。

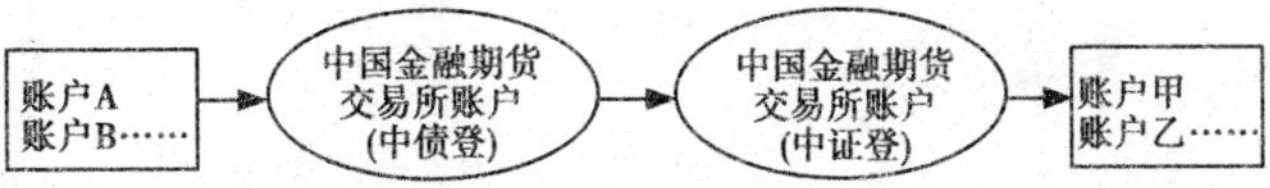

图 12　国债期货跨价格市场转托管

资料来源：中国金融期货交易所。

由于国债期货交割存在过户与跨市场转托管，国债期货的交割配对原则设计的目的是将交割过程尽量简化，提高效率，降低成本。交割配对采取同市场优先原则，以尽量减少跨市场转托管的数量，采用最少配对数的方法，以尽量减少国债期货交割过程中过户的次数。

最小配对数方法：对于两个数列，如果一个数列中的数值有和另一个数列中的数值相等的，则这两个数值配对；如果没有相同的，则在每个数列中各取最大的进行配对，把这两个数中较大的减去较小的后，再看看两个数列中有没有相等的，如果有则配对，如果没有则再各取两个最大的，依次循环。

4. 交割违约

国债期货交割违约主要分为两种情形：一是卖方在规定期限内未能如数交付可交割国债；二是买方在规定期限内未能如数缴纳交割货款。虽然目前中国金融期货交易所仍在对交割违约处理的具体规则进行设计，为了减少交割违约的出现，交易所对守约方和违约方进行不同的处理，其中对违约方处罚必定是从重从严的，对守约方进行合理补偿。因此，投资者参与国债期货交易或交割一定要牢记交割规则，切忌违约。

国债期货交易与交割流程

在读者初步了解了国债合约设计后，现在最期望了解的莫过于国债期货的实际交易。下面将介绍国债期货的交易流程，包括开户、委托、交割、盈亏计算与常用的交易软件及基本的行情分析等方面。国债期货与采取现金交割的股指期货不同采取实物交割方式，国债期货标的为名义券，在现实中并不存在，这又与商品期货的实物交割存在差异，因此，国债期货的交割十分重要。本部分我们重点讲解国债期货的交割，包括如何计算最便宜交割债券、交割流程以及交割违约的处理等。

国债期货交易流程详解

了解整个国债期货交易流程及其相关细节，是国债期货交易前必须准备的功课，只有掌握了具体的流程与实际的操作方法，才能为实战创造牢固的前期保障。

1. 开户

根据《中国金融期货交易所交易规则》，交易编码是客户、从事自营业务的交易会员进行期货交易的专用代码。交易编码由 12 位数字构成，前 4 位为会员号，后 8 位为客户号。符合中国证监会及交易所规定的会员和客户，可以根据从事套期保值交易、套利交易、投机交易等不同目的分别申请客户号。因此，投资者在国债期货交易前需开户并取得交易编码。

商业银行、证券公司、基金公司、合格境外投资者等根据法律、行政法规、规章和有关规定需要对资产进行分户管理的特殊法人机构，可以为其分户管理的资产向交易所申请开立交易编码。

投资者参与国债期货交易的第一步就是在期货公司开立专门用于期货交易的保证金账户，并申请国债期货交易编码。国债期货的开户可能如同股指期货一样，存在较为严格的适当性制度，具体可视中国金融期货交易所日后规定的具体情况。期货的开户可参见本丛书的《期货市场入门》。

2. 下单：市价指令与限价指令

交易指令主要分为市价指令、限价指令。市价指令，是指不限定价格的、按照当时市场上可执行的最优报价成交的指令。限价指令，是指按照限定价格或者更优价格成交的指令。限价指令在买入时，必须在其限价或者限价以下的价格成交；在卖出时，必须在其限价或者限价以上的价格成交。限价指令当日有效，未成交部分可以撤销。

市价指令与限价指令，对于参与过股票或者股指期货、商品期货交易的投资者而言，应该并不陌生。由于市价指令只能和限价指令撮合成交，成交价格等于即时最优限价指令的限定价格。需要提示投资者的是，市价指令应该慎用。一般情况下，每个品种的期货交易，根据其特性与现货状况，往往存在主力合约与不活跃合约，国债期货同样不例外。国债期货的仿真交易中，与股指期货相似，今季合约往往成交较为活跃，远季合约成交量较低。远季合约成交不活跃，报价与价格的波动变化并不完整，因此采取市价指令存在较大的滑价风险。

图 13 为随意截取的某日国债期货远季仿真合约的日内行情走势图。如图所示，在箭头处，某投资者认为收盘价格会下跌，低于当前价格。于是该投资者即下单卖出 TF1303 交易。为了尽快成交，他选择了市价指令。然而，最后成交的价格 98.82 与预期的 98.90 相差甚远，甚至一笔交易成了该合约的当日全天最大的价格波动。市价指令令该投资者在全天最高价卖出，却在全天最低价成交。当日最后收盘价为 98.85，投资者在 98.90 位置看空，看对了，不考虑手续费因素理论存在每手 500 元的盈利，然而实际交

易却出现亏损。

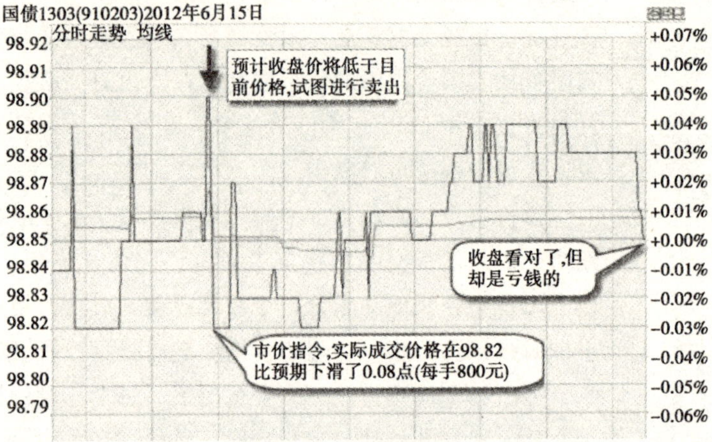

图 13　某日国债期货仿真合约远季行情

资料来源：博易大师行情软件。

当然，可能这个例子有些极端。目前，国债期货仿真交易参与规模仍不算大，也是交易不活跃的很大一部分原因。不过我们拿股指期货的经验作参考，不活跃合约的市价指令确实存在较大风险。股指期货远月合约，数次出现“钓鱼单”①，例如 2011 年 5 月 27 日，时为隔季合约的 IF1112 盘中曾出现一笔交易瞬间滑价数百点的情况。远月合约的市价指令风险也让中国金融期货交易所此后关闭了远月合约市价指令的下单方式。

① “钓鱼单”是指在期货市场上，市场投机者会在各个合约的涨跌停板上全挂上单子，在涨停板边上挂空单，在跌停板边上挂多单，以钓取市场参与者的对手单的行为。只要出现一些上钩者，以期指 T+0 和杠杆交易的特点，获利就极为丰厚。

对于主力合约，虽然流动性较好，报价较为连续，成交活跃，但市价指令也并非绝对“万无一失”。2012年5月14日，“钓鱼单”的现象在时处当月合约的IF1205上出现。当时由于盘中行情极端，卖盘蜂拥而至造成下方暂出现无买方承接，1分钟内市场滑价28.2点。主力合约市价指令风险相对较低，但并非绝无风险，因此投资者在使用市价指令时仍需谨慎。一个比较好的方式是采取预设滑点的限价指令方式，一方面可尽量避免或降低成交效率慢甚至无法成交的可能，另一方面也限制了市价指令过度滑价的空间。当然，这里只是从整体角度看，具体问题还需要具体分析，市价指令与限价指令的区别在于针对不同情况对成交效率与滑价风险的综合权衡考量，在成交效率更为重要的情况下，市价指令能体现出其优势。

此外，交易所对下单的报价范围与每次下单的数量也有严格的规定与限制。交易指令的报价只能在合约价格限制范围内，超过价格限制范围的报价为无效报价。交易指令的每次最小下单数量为1手，市价指令每次最大下单数量为50手，限价指令每次最大下单数量为200手。

3. 价格形成机制：集合竞价与连续竞价

根据《国债期货仿真交易业务规则》，国债期货仿真交易采用集合竞价和连续竞价两种方式。集合竞价，是指对在规定时间内接受的买卖申报一次性集中撮合的竞价方式，连续竞价，是指对买卖申报逐笔连续撮合的竞价方式。

（1）开盘集合竞价。集合竞价在交易日 9:10～9:15 进行，其中 9:10～9:14 为指令申报时间，9:14～9:15 为指令撮合时间。在集合竞价指令申报时间内，不接受市价指令申报；在集合竞价指令撮合时间内，不接受指令申报。这与沪深 300 指数期货的时间安排一致。

集合竞价采用最大成交量原则，即以此价格成交能够得到最大成交量。高于集合竞价产生的价格的买入申报全部成交；低于集合竞价产生的价格的卖出申报全部成交；等于集合竞价产生的价格的买入或者卖出申报，根据买入申报量和卖出申报量的多少，按照少的一方的申报量成交。

开盘集合竞价中的未成交指令自动参与连续竞价交易。

（2）开市后的连续竞价。限价指令连续竞价交易时，交易所系统将买卖申报指令以价格优先、时间优先的原则进行排序，当买入价大于等于卖出价则自动撮合成交。撮合成交价等于买入价（bp）、卖出价（sp）和前一成交价（cp）三者中聚众的一个价格。

当 $bp \geqslant sp \geqslant cp$ 时，则最新成交价格 = sp。

当 $bp \geqslant cp \geqslant sp$ 时，则最新成交价 = cp。

当 $cp \geqslant bp \geqslant sp$ 时，则最新成交价 = bp。

集合竞价未产生成交价的，以上一交易日收盘价为前一成交价，按照上述办法确定第一笔成交价。

（3）新上市合约的挂盘基准价。新上市合约的挂盘基准价由交易所提前公布。挂盘基准价是确定新合约上市首日涨跌停板幅度的依据。5 年期国债期货合约的最后交易日为合约到期日的第二个星期五，因此，每个 3、6、9、12 月份都将面临合约的到期与新合约的上市。依据股指期货的经验，交易所会在合约最后交易日收市后在交易所网站上公布下一交易日即将上市的新合约的挂盘基准价。

4. 结算与当日盈亏计算

结算，是指根据交易结果和交易所有关规定对会员交易保证金、盈亏、手续费、交割盈亏及其他有关款项进行计算、划拨的业务活动。期货交易实行当日无负债结算制度。

国债期货交易各合约的当日结算价为最后一小时期货成交价格按成交量加权平均价，价格结算价为最后交易日全天成交量加权平均价。

国债期货合约以当日结算价作为计算当日盈亏的依据。具体计算公式为：

国债期货合约的当日盈亏 = ｛Σ［（卖出成交价 - 当日结算价）× 卖出量］ + Σ［（当日结算价 - 买入成交价）× 买入量］ +（上一交易日结算价 - 当日结算价）×（上一交易日卖出持仓量 - 上一交易日买入持仓量）｝ ×（合约面额 ÷100）

5. 交易软件使用

市场上，国债期货的网上交易软件品种较多，不同期货公司提供的交易软件也不尽相同。这里以市面较为常用的金仕达软件为例，简单介绍国债期货仿真合约交易软件的使用。输入客户号、交易密码等信息登录后即来到图 14 所示的金仕达交易软件主界面。

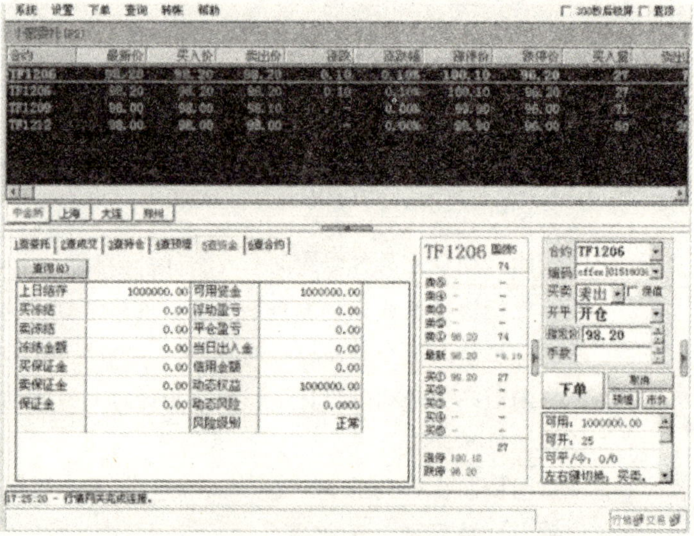

图 14　金仕达交易软件主界面

资料来源：金仕达期货网上交易系统。

软件上方为数字行情显示区域，列有国债期货合约的即时成交报价行情，与买一、卖一的委托报价与数量等信息。投资者可以在行情软件中了解市场实时行情，在交易软件中填写下单时也能获得行情动态。

软件下方为选项卡和下单选项。首先介绍常用的选项卡及其相关用途。“1 查委托”选项卡中，显示了已经下单的成交情况：定单类型（限价或市价）、成交属性和委托状态。“2 查成交”选项卡中，显示了下单中成功交易部分的成交状况，主要包括买卖方向、成交价格、成交收数等信息。“3 查持仓”选项卡中，可查询当前所持有的国债期货合约，并查看账户浮动盈亏状况。该选项卡中，主要包括买卖合约的持仓数量及相应持仓均价、开仓均价、最新价，并据此计算浮动盈亏。“5 查资金”选项卡查询仿真交易账户的资金情况。

软件下方的右侧部分为下单区域，选好合约代码后即可看到相应合约的即时市场中买卖的委托信息。下单时应尤其注意买卖方向与开平仓的选择，这里往往是“新手”常出错的地方。在下单选项中，在“手数”上方，建议点击“指定价”更改成“跟盘价”，这样便于以实时价格下单。最快的下单方式，可以直接点选“市价”。

国债期货交割实务

为充分发挥国债期货的避险功能，并促进国债现券市场的活跃，国债期货采取实物交割，因此国债期货的交割流程较沪深300指数期货略复杂。同时，不同于一般商品期货，国债期货标的为名义标准券，这种标的债券在现实中并不存在，在交割过程中需要通过可交割债券与相对应的转换因子构造与标的名义券相符的现货头寸参与交割。现货市场中往往存在着数十种符合交易所规定的可交割债券，因此，必须根据实际交割债券的票面利率和交割时间计算其发票金额。对于期货卖方参与交割而言，面对诸多可参与交割的现券，他们必然更倾向于选择对自己最有利的债券，即最便宜可交割债券（CTD）进行交割，因此本部分在介绍交易流程时也将介绍如何计算并确定哪种债券是最便宜交割债券。

1. 发票金额

中国金融期货交易所 5 年期国债期货合约的可交割国债需同时满足以下标准：（1）财政部在中国境内发行并核准可跨市场交易的国债；（2）固定利率且定期付息的国债；（3）剩余期限符合合约要求的国债，即在交割月第一个自然日剩余期限为 4 ~7 年的固定利率国债。于是，一般情况下，在国债期货合约交割时，现货市场往往存在着数十种同时符合上述标准可供交割的国债。以已完成模拟交割的 TF1206 仿真合约为例，可交割债券范围包括 090013. IB、090017. IB、090019. IB 等在内的 33 只国债现券。这数十种不同的可交割债券有着不同的息票利率，从而有着不同的市场价格。毫无疑问，期货卖方必然更倾向于交割较便宜、息票率较低且刚过付息日不久的债券。然而，这对于合约买方而言并不满意，因为他们更期望收到的现券是高息票率并已积累了较高利息的国债。因此，期货合约的买卖双方之间无形存在着明显的利益矛盾。解决这一矛盾的方法，是根据实际交割债券的息票利率和交割时间调整发票金额。发票金额即为获得交割债券而支付的金额。

一般而言，国债期货买方所要支付的发票金额由如下公式计算：

发票金额 = 国债期货交割结算价 × 转换因子 × 交割单位 + 交割债券上次支付息票利息以来的累计利息

其中，交割结算价为最后交易日全部成交量加权平均价，中国金融期货交易所将公布不同可交割债券对应的转换因子。理论上，交割债券上次支付息票利息以来的累计利息由以下公式计算（具体以中国金融期货交易所公布为准）：

交割债券上次支付息票利息以来的累计利息 = 期货合约交割债券面值规模（100 万元人民币） × ［票面利率/每年付息次数］ × 最近一个付息日到交割日的天数 ÷ 两次付息间隔天数

中国金融期货交易所届时将公布具体应计利息计算公式，我们这里以上海证券交易所为例做大致介绍。根据《关于实行国债净价交易有关事宜的通知》上海证券交易所于 2002 年 3 月 25 日起实施国债净价交易。净价交易的应计利息额计算方法为：

应计利息额 = 票面利率 ÷ 365 天 × 已计息天数

规定 1 年按 365 天计算，闰年 2 月 29 日不计算利息，已计息天数为实际日历天数。当票面利率不能被 365 整除时，计算机系统按每百元利息额的精度（小数点后保留 8 位）计算，交割单所列应计利息额按“四舍五入”原则，以元为单位保留 2 位小数列示。

2. 最便宜可交割债券

由于存在较多的国债现券符合国债期货的交割条件，考虑到它们息票利息和到期日存在差别，期货卖方可以选择其中最便宜债券（Cheapest to Deliver Bond，CTD）进行交割。最便宜可交割债券可以让空方投资者选择交割现券购买成本最小（债券现价与应计利息和），而收到的买方交割货款（发票价款）最多。最便宜债券的计算公式为：

CTD = Max［发票价款 -（债券现价 + 应计利息）］

在滚动交割的制度下，交割月的每一天里，所有可交割债券的发票价款、债券的现价与应计利息之和的差应均为负，否则，存在无风险套利的机会。操作上，投资者只需卖出国债期货合约，同时向交易所剔除交割申请即可，因为，发票价款现金流入将超过购买国债的成本。

上述 CTD 计算式中，由于应计利息同时出现在发票价款与购买国债现券的成本上，为计算 CTD 简便起见可将其约去，即得到：

CTD = Min［债券现价 -（交割结算价 × 转换因子）］

应注意的是，在计算过程中，债券现价与交割结算价必须是相同的面值才不会算错，市场中债券现价与交割结算价均为百元报价。

以 TF1206 仿真合约的交割为例，由于最后交易日 2012 年 6 月 8 日恰逢中央银行三年半以来首次降息，最后交易日 TF1206 行情出现较大波动，最高 99.99 元，最低 97.00 元。即使国债期货交割面临了极端情形，价格仍在最大波动限制内。国债期货交割结算价为最后交易日全部成交量加权平均价，TF1206 仿真合约交割结算价为 98.74 元。

我们从可交割国债中完全随机抽取 3 份国债现券，以实例介绍计算 CTD 的方法，它们是 110022.IB、120003.IB、080003.IB。当然，这里的结果不一定是全部 33 只可交割券中的最便宜交割债券，但掌握了计算方法就不难找出所有交割券中最便宜的那只，有兴趣的读者不妨试着算算。

2012 年 6 月 8 日，110022.IB、120003.IB、080003.IB 剩余年限分别约为 4.37 年、4.69 年、5.78 年，符合 4~7 年的剩余年限交割标准。当日，它们的收盘净价分别为 103.2913 元、101.5951 元、105.4296 元。通过查询中国金融期货交易所可交割国债范围表，即可获取对应的转换因子，具体如表 10 所示。

表 10　　部分 TF1206 仿真合约虚拟交割国债

债券代码	2012.6.8 收盘报价	转换因子
110022.IB	103.2913	1.0220
120003.IB	101.5951	1.0059
080003.IB	105.4296	1.0562

资料来源：WIND、中国金融期货交易所。

对期货卖方而言，交割以上每种债券的成本如下（以百元报价计算）：

110022. IB：103. 2913 － （98. 74 × 1. 0220） ＝ 2. 37902（元）

120003. IB：101. 5951 － （98. 74 × 1. 0059） ＝ 2. 272534（元）

080003. IB：105. 4296 － （98. 74 × 1. 0562） ＝ 1. 140412（元）

根据“CTD = Min［债券现价 －（交割结算价 × 转换因子）］”的计算方法，在这 3 张可交割券中，交割最便宜的债券是 080003. IB。然而，这种方法往往只能在最后交易日，交割日的现券收盘报价较为确定的时候计算 CTD。在交割期以前，我们只能通过另外的方法判断或预测 CTD。有两种方法可以使用，一种是找出预计现金流入与流出之差最大的那种国债，这需要计算债券的现金流并进行贴现。当然，这一方法隐含了一种假设，那就是计算日可能就是交割日。在现实的市场运行中，可能出现一些债券在交割日前，期货报价与转换因子的乘积可能会大于对应国债现券的价格，但这并不一定意味着存在套利机会，因为无法做到立即交割。在商品期货与股指期货市场中，短暂的期现价差偏离也是时有发生的事情。同时，在计算是否存在套利机会的时候，还需要考虑持有成本和收益。另一种判别 CTD 的方式是计算债券的隐含回购利率，隐含回购利率最高的可交割国债即为最便宜可交割债券。

3. 国债期货交割流程

以本书编撰时的国债期货仿真交易交割流程为例，我们介绍一下国债期货的交割流程（见图15）。虽然国债期货上市后，实际交割流程可能将与仿真模拟交割略有差异，甚至仿真模拟交割的参数也有适时调整的可能，但并不妨碍帮助读者整体理解国债期货的交割步骤。

（1）最后交易日。最后交易日11：30收市后，交易所将首先计算交割结算价。交割结算价为合约最后交易日全天成交价格按照成交量的加权平均价。随后进入"持仓对冲"阶段，即同一客户持有的多空头寸进行对冲、自动平仓，剩余未平仓合约进入交割，产生待交割持仓信息。在交易所日终结算后，对进入交割的持仓头寸收取交割手续费，交易所的交割手续费标准为15元/手。

（2）第一交割日。第一交割日即T+1日，也可称卖方申报日。

下午2点前，卖方客户应通过会员申报交割意愿。申报内容包括待交割虚拟库国债品种、数量、虚拟库名称等。需要注意的是，卖方客户的每手国债期货合约只能申报单个可交割虚拟库国债品种。

下午2点起，交易所通过相应虚拟库对卖方客户的待交割国债予以冻结。若卖方冻结券失败，则进入卖方违约处理，根据随机方式产生相应的守约买方。

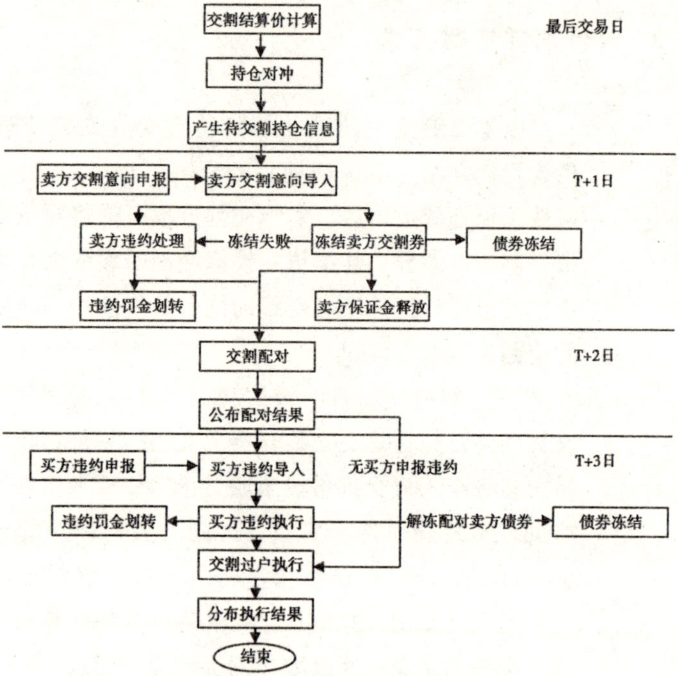

图 15　国债期货仿真交易交割流程

资料来源：中国金融期货交易所。

交易所当日结算时，对于有效冻结交割券的卖方，交易所释放卖方保证金。对于违约卖方，划转支付违约部分合约价值（违约量×合约面额×交割结算价÷100）的5%的违约金给守约的买方。

（3）第二交割日。第二交割日即T+2日，也可称交割配对日。

盘中，交易所对参与交割买卖方进行交割配对。具体而言，交易所根据卖方客户交割意愿，对冻结待交割券成功的卖方按“同虚拟库优先”的原则对买方客户进行随机交割配对。当日收盘结算时，交易所发布交割配对结果，并通知会员配对结果和交割货款。

(4) 第三交割日。第三交割日即T+3日，也可称券款交收日。

下午2点前，买方会员进行买方违约申报。下午2点过后，进行买方违约处理。根据第二交割日交割配对结果产生相应的守约卖方。对于买方违约的情况，卖方交割券解冻结；对于买方履约的情况，卖方交割券过户。当日交易所结算时，进行交割款项划付，对于买方违约释放其扣除违约罚金后的保证金。违约买方支付违约部分合约价值（应付交割款）5%的违约金给守约卖方。

4. 国债期货交割违约处理

国债期货交割违约可以分为买方违约和卖方违约，具体又可以分为买方部分违约和全部违约，卖方部分违约和全部违约。为系统测试与实施的方便，并牢固与强调国债期货投资者履约义务，在国债期货仿真交易中不存在部分违约，即部分违约也按全部违约论处。由于截至目前国债期货暂未上市，暂以国债期货仿真合约介绍违约的处理。

(1) 违约的界定。国债期货仿真交割中具有下列行为之一的，构成交割违约：

①规定期限内卖方未能如数交付可交割虚拟库国

债的，则该卖方持仓被视为全部违约。

②规定期限内买方未能如数解付交割款的，则该买方持仓被视为全部违约。

仿真合约交割中，交割违约时守约方按如下方式界定。发生卖方违约，则根据随机方式产生相应的守约买方。发生买方违约，则根据第二交割日交割配对结果产生相应的守约卖方。

（2）违约的处理。在国债期货仿真交易交割流程中，卖方交割违约在第一交割日处理。卖方交割违约时，由违约卖方支付违约部分合约价值5%的违约金给守约买方，合约价值交割结算价为基准进行计算。

买方交割违约在第三交割日处理。买方交割违约时，由违约买方支付违约部分合约价值5%的违约金给守约卖方，合约价值以实际交割款进行计算，同时，交易所通过虚拟库对守约卖方的待交割国债解除冻结。

5. 国债期货真实交割与仿真交割的区别

表11列示了国债期货真实交割和仿真交易交割的区别。当然，具体差别可能不仅限于此，包括上面提到的对违约的处理，在仿真合约中不存在部分违约。

表 11　　　　真实交割与仿真交割的区别

	仿真交易交割	真实交割
债券买卖	通过虚拟交割库进行	在银行间市场和交易所市场进行
实物交割模式	集中交割	滚动交割
交割配对原则	按“同虚拟库优先”的原则对买方客户进行随机交割配对	“同市场优先配对”原则，“最小配对数”方法
自动对冲平仓	同一交易编码的双边持仓进行自动平仓	先对同一交易编码进行对冲，然后对同一客户码下的不同交易编码，按“持仓量最小优先”的原则进行对冲；对同一客户的不同交易属性账户（投机、套利、套保）多空持仓并不进行对冲

资料来源：中国金融期货交易所。

国债期货的投机

与购买国债的思路不同，国债期货并不是追求利息，而是追求价格波动，因此与持有时间无关，在短期内可能取得较高收益。国债期货作为金融期货中的一种，虽然具有其独特之处，但是在投机思路上和其他商品期货或者股指期货之间也有很多共同点，均指在期货市场上以获取价差收益为目的的交易行为，同样遵循投机的一般原则。

国债期货的投机分类

期货的投机交易可以通俗理解为赚取买卖合约之间差价的行为，低买高卖或者高卖低买。这与在融券机制健全的证券市场的投机一样，需要投资者能对行情有很好的把握，抓住机会从中获利。就目前已有的品种来看，在期货市场上的三大类交易者（投机者、套利者、套期保值者）中投机是风险最大的一种操作，同时其市场参与者也是最多的。在整个市场中，投机者承担了套期保值者力图回避和转移的风险，使套期保值成为可能，同时，由于其在市场上频繁操作提高了市场的流动性，也有利于期货合理价格的形成。

需要注意的是，国债期货作为利率衍生品种的一种，显著特点是杠杆大、波动小，这就使得它成为风险相对较低的期货产品，相比目前中金所的股指期货有较大区别。仿真数据显示，虽然国债期货价格波动每天限制在 ±2%，但实际的波动远远低于这个数字，且横盘整理的状态经常出现，这一点在一般的期货投资品种较为少见，不过这里所提到的仅仅是针对仿真而言，在国债期货推出后的波动可能会有不同。国债期货的价格受到多重因素的影响，经济、政治、流动性及投资者心理都能带来市场行情的波动，因此不能用简单的思路去判断其价格走势。想要做好国债期货，少不了长时间的积累。

投机者在做国债期货的交易时，要了解影响其价格变动的因素，这些影响因素的作用在前面的章节中也有讲到。有些因素对于价格的影响是长期的，比如经济发展状况，物价水平等。而有些因素则对于短期的价格较为敏感，比如新发国债的发行量。那么投机者首先就要结合自己的操作习惯，了解自己属于哪类投机者，然后适当的制定相关操作策略。投机者按照交易量的大小可分为大投机者和小投机者；按照交易部位区分，有多头投机者和空头投机者；按照持有合约的时间长短区分，有部位交易者、当天交易者、“抢帽子”者。

1. 多头投机

所谓多头投机就是预计未来价格将上涨，在当前价格低位时建立多头仓位，等待合约价格上涨之后通过平仓而获利。如当前 TF1209 合约的价格是 98.85，由于利率的变动投机者预计未来该合约的价格会上涨，于是买入 10 手 TF1209 合约，过了三个交易日，合约涨至 99.25，投机者选择进行平仓操作，在不考虑其他费用的情况下，该投机者盈利 $(99.25-98.85)\times 10000\times 10=40000$ 元；若行情与该投机者的预期相反，则会承担一定的损失。可见，投机者一旦建立了多头投机部位，则其盈亏状况完全取决于市场价格的变动方向和变动幅度。若市场价格上涨，则投机者可获利；价格上涨越多，获利越多；反之，若市价下跌，投机者则亏损，下跌越多，亏损越大。

2. 空头投机

空头投机就是预计价格将下跌，建立空头仓位，等价格下跌之后再平仓获利。接上例，若投机者预测该合约的价格会下跌，于是在期货市场上卖出 10 手

TF1209合约，三个交易日后，价格下跌至98.75，投机者可以选择平仓，盈利为（98.85－98.75）×10000×10＝10000元。空头投机的盈亏特征与多头投机特征恰好相反。当投机者建立了空头投机部位后，若市价下跌，则投机者可获利，价格下跌越多，投机者获利也越多；反之，若市价上涨，则投机者亏损，且上涨越多，亏损越多。

3. 部位交易

指投机者预测未来一段时间内将出现上涨行情或下跌行情，在当前建立相应头寸，并在未来行情结束时进行对冲平仓。这是大多数专业投资者使用的策略。这种交易策略的特点就是持续时间较长，投机者在买入或卖出期货合约后，不会在短时间内平仓，而是持有合约数日、数星期甚至数月以上，观察时机，待价变至对其有利时再对持有部位进行对冲，这种交易策略其每笔交易进行的时间越长，风险就越大。结束交易主要基于基本面走势的判断，是最常见的交易策略之一。这种中长线投机对投资者的大势判断和心理素质要求很高，既要认准大方向，咬定青山不放松；又要经得起大风大浪，即使价格上蹿下跳，也要沉着镇定，坐观云起云落。

4. 当天交易

指投机者只关注当天的市场变化，在早一些的时间建立仓位，在当天闭市之前结束交易的策略。这是少数非专业投机者使用的策略。这种交易属于搏短线，初级交易者或者消息派经常使用。短线交易，对投资者的技术分析水平要求较高，而且投资者对这个市场越熟悉、越有感觉，操作的成功率会更高。

5. “抢帽子”

指投机者随时观察市场行情，即使波动幅度不大，也积极参与，迅速买进或卖出，每次交易的金额巨大，以赚取微薄利润。这样的策略特点是周转快，盈利小。一般是程序式量化投资方式或者操盘手操作方式。这种交易策略关心的不是市场大趋势，甚至不是短暂的趋势，而只关心价格的瞬间波动。因此，投资者运用这种交易策略，除了拥有良好的盘面感觉，还必须拥有交易成本低廉的优势。

国债期货投机交易策略

入市前，投资者首先要做的是对国债期货合约有充分的认识和理解，在此基础上制定国债期货投机的交易策略。国债期货投机策略的制定，通常分为三个步骤：

1. 预测市场走势

这是在几乎所有期货投机中都至关重要的一个环节，它需要投资者对于影响合约价格的因素有清晰的认识。对于国债期货，主要的影响因素有利率政策、国债供需面、国债期货交割期限等，投机者不了解各个因素变动对国债期货价格影响的传导机制则很可能对于后市的判断产生较大偏差。为此，投机者在进入市场之前需要适当的对国债期货有一定的研究。

2. 选择交易时机

在对后市有了大致判断之后，就需要选择时点进行合约的买卖。对时点的选择是最能体现交易者智慧的环节。投机者建仓有很多种方法和策略，每一种都有其特别和优势，同时也暗藏着一定的风险。投机者需要清楚自己建仓方法的短处，提前做好防范风险的准备。按传统交易理论来说，投机者要用基本分析法研究市场处于牛市还是熊市，用技术分析法研究牛市或熊市的幅度和持续时间。而在实际操作中，大部份投机者缺少足够的基本面信息，也没有进行过基本分析的训练，容易依靠各类消息来确定投资方向，这是不可取的，所以也有很多投机者通过技术分析等方法来确定建仓方向，通过概率来取胜。具体的点位选择，一般来说，投机者都是通过技术分析来确定的，使用常用的 RSI、KDJ 等技术指标，通过划分支撑阻挡位置，来确定一个风险最小的入场点。所谓风险最小，一般是指投机者确认自己判断错误时，风险损失最小，或者说，建仓点要便于设立止损点。

在建仓时，还要遵守宁缺勿滥的原则，提防频繁交易的陷阱。很多投机者失败都是因为没有等待最佳的进场时机，由于心态急躁，而在不恰当的时候建仓，待亏损后，又急于翻本，造成频繁交易。投机者需要提醒自己，期货市场上从来不缺少机会。有时候，安心等待，什么也不做，往往是最佳的建仓策略。

3. 实时风控，做好资金管理

由于国债期货采用的是保证金交易模式，这样也就有了杠杆效应。投机者预测正确可以获得满意的收益，一旦预测错误则其遭受的损失也会被放大。所以，国债期货的投机交易中如何控制好风险成为了至关重要的一环。本章在后面内容中将针对投机的风险管理做详细的介绍。

国债期货投机交易建仓平仓策略

在买入合约后，如果价格下降，则进一步买入合约，以求降低平均买入价，一旦价格反弹，可在较低价格上卖出止亏盈利，这称为平均买低（见图16）。

在卖出合约后，如果价格上升，则进一步卖出合约，以提高平均卖出价格，一旦价格回落，可以在较高价格上买入止亏盈利，这就是平均卖高。简单说，平均买低和平均卖高策略是指如果建仓后行情与预料相反，可以分阶段补仓，摊平买入或卖出的平均成本，待行情按照自己预料的方向上涨或下跌时，进行卖出或买进合约平仓。因此，在采取平均买低或卖高策略时，必须对市场大势的看法不变为前提。在预计价格将上升时，价格可以下跌，但最终仍会上升；在预测价格即将下跌时，价格可以上升，但必须是短期的，最终仍要下跌，否则这种操作方法只会增加亏损。

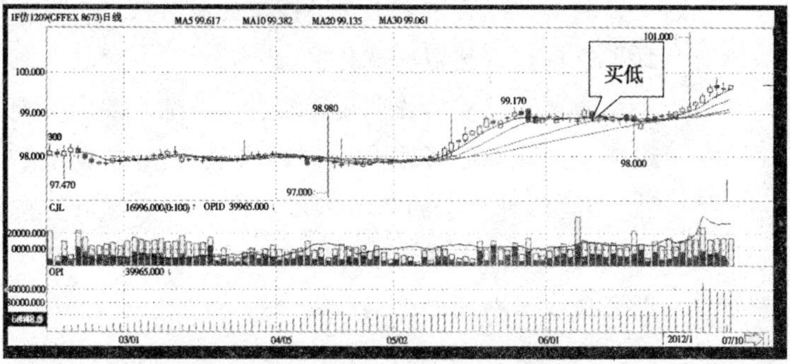

图 16　国债期货仿真合约日 K 线图

投机者需要注意，这是一把双刃剑。严格来说，平均买低和平均卖高策略适合资金足够宽裕、成熟的投机者，他们可以承受较长时间的亏损，有足够的自律性处理头寸。对于资金有限，缺少经验和自律性的投资者来说，不要轻易采取这个策略，反而应该遵守另外一个原则：只在盈利的头寸下加仓。

如果建仓后市场行情与预料相同并已经使投资者获利，可以增加持仓。增仓应遵循以下原则：只有在现有持仓已经盈利的情况下，才能增仓。持仓的增加应渐次递减。比如，首次建仓 8 手，盈利达到一定幅度后增仓 4 手，再盈利一定幅度后增仓 2 手，最后增加 1 手。这种方法一般也被称为金字塔加仓。

建仓策略十分重要，同样，平仓方法也不容忽视。很多期货投机者经过一段时间的学习和交易后，无论基本面、技术面都有自己的独到见解，但是他们的操作业绩却往往不尽如人意。仔细分析原因，可以总结为：平仓的时机总是把握不好，或者过早平仓，失去利润，或者过晚平仓，该赚的没有赚到，反而回到了进场点，甚至反被套牢。

通过对较成功的平仓策略进行总结。我们发现投机平仓策略大致可以分为“高抛法”和“次顶平仓法”。这两种方法的基本出发点都是我们不可能在最高点或者最低点平仓的，但可以争取在次高或者次低点平仓。

“高抛法”是指投机者在买入期货时已经定好了一个盈利目标价位。一旦价格达到这一目标，就马上平仓，放弃以后的利润。利用这一投机策略的投机者大多数都是结合分析期货的基本面和技术面，比如黄金分割线、平均线、形态等，确定出一个合理的目标价位，然后等待价位达到这一目标价位果断平仓。

“次顶平仓法”不是事先给自己确定一个目标价位，而是一直持仓直到价位显示第二次有见顶迹象时才抛出。一般而言，采用这一平仓策略的投机者通常采用的是技术分析法来判断见顶迹象，主要是从期货的走势形态和趋势来判断。具体来说，是通过双顶、头肩顶、三重顶判断中期头部确立，进行平仓。

国债期货投机交易的风险管理

1. 准确预测价格的变动，把握趋势

投机决策是依据投机者对期货价格变动的预测而作出的。能否准确地预测国债期货价格的变动，是投机能否成功的关键。投机者首先必须对合约正在交易的情况，如交易的价格、数量和近期价格变动情况，甚至该合约的交易历史资料有所了解，然后通过价格趋势预测的基本分析法或技术分析法或将两种方法结合运用，来正确判断合约的价格变化趋势，从而确定准确买卖合约的数量及时机。在交易过程中，还应密切关注市场行情的变化，如政府政策、经济形势、供求关系、投机心理、人为措施、大户操纵、偶然事件等，综合全面地把握影响价格波动的各种因素。

2. 根据自身的风险承受能力设置止盈止损

交易者在入市时必须根据对价格趋势的判断适当

地拟定一个获利目标和亏损限度指标。这样，在获利时，就不会贪多；在亏损时，就不会希望出现奇迹，尽早平仓，减少损失。在实际操作中，停损订单就是一个比较适用的工具，可将风险控制在一定范围内。

期货投机与股票投机之间一个最重要的区别就是，股票没有到期限制，即使出现损失，可以长期处于套牢状态，待将来股价回升以后，再解套出场。而期货投机的对象是期货合约，都有到期日，到期之后无论亏损多少，都要进行平仓或者进行交割。此外，期货是保证金交易，如果预先没有设定止损价格，看似小幅度的反向行情，都可能造成账户重大的损失。实际上，“死扛”策略常常会给投机者带来重大甚至是难以挽回的损失，有的还造成终身的遗憾。正如很多人的交易格言一样，“期货成功的第一条件是止损，第二条是止损，第三条是牢记前两条”。在实际操纵中止损的方法有多种，这里主要介绍三种：

（1）技术分析止损，即通过主要的技术分析方法来确定止损位置。比如通过分析重要的支撑位和阻力位来确定止损点，通过技术指标突破或达到某一值来止损，还可以通过黄金分割线判断最大回撤幅度设定止损点等。图 17 是在圆顶形成过程中，5、10 日线高位死叉，止损出局的一个例子。

（2）资金止损，即制定一个最大亏损限额或亏损百分比来确定止损。比如一笔交易亏损 5% 就止损，账户总资金亏损 20%，就停止操作一段时间，总结经验教训，重新制定交易策略。

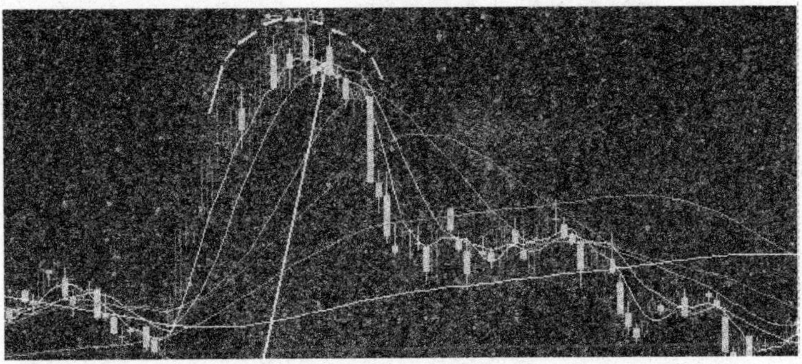

图 17　圆顶形成过程中 5、10 日线高位死叉止损出局

（3）时间止损，即到了一定时间后，无论盈亏多少都平仓止损。比如很多日内波段交易者，上午建仓，上午了结，无论盈亏都在中午收盘前出场，还有的短线交易者，规定自己进场后，1 分钟到 3 分钟没有盈利，就止损出场。

3. 做好资金管理

由于投机机会的稍纵即逝以及市场行情的千变万化，资金管理非常重要。在确定获利目标与亏损限度后，还要确定用于风险投资的资金数额。经验告诉我们，为获取最大收益，切忌将全部资金用于一笔交易的风险投资，同时，应将在手的空盘部位限定在自己可能完全操纵的数量之内。另外，还应为可能出现的新的交易机会预留一定资金，并且，只有当最初交易被证明可获利时，才能进行追加投资交易，追加投资额应低于最初的投资额。期货交易中有些通用的基本要领在这里做简单介绍。

（1）投资额限制在全部资本的50%以内。这就是说，在任何时候，交易者投入市场的资金都不应该超过其总资本的一半，剩下的一半是储备，用来保证在交易不顺手的时候或临时支用时有备无患。比如说，如果账户的总金额是100000元，那么其中只有50000元可以动用，投入交易中。

（2）在任何单个的市场上所投入的总资金限制在总资本的10%～15%以内。对于一个100000元的账户来说，在任何单独的市场上，最多只能投入10000到15000元作为保证金存款。这一措施可以防止交易商在一个市场上注入过多的本金，从而避免在“一棵树上吊死”的危险。

（3）在任何单个市场上的最大总亏损金额限制在总资本的5%以内。这个5%是指交易商在交易失败的情况下将承受的最大亏损。在决定应该做多少张合约的交易，以及应该把止损指令设置在多远以外时，这一点是交易者重要的出发点。因此，对于100000元的账户来说，可以在单个市场上冒险的资金不超过5000元。

对于做资金管理，这里举一个简单的例子作为参考：

假设投机者甲做国债期货仿真交易。甲的账户中有资金100万元，交易所规定保证金比率为3%，这里暂不考虑手续费，6月19日，在经过对宏观层面和当前的货币政策等诸多因素进行一定分析和研究后，他判断TF1209合约在未来可能有一段上涨行情，于是在收盘前，以 98.00 的价格买了 10 手该合约。此时所需要的保证金为：$98.00\times10000\times3\%\times10=294000$ 元，账户中的可用剩余资金还有 $100-29.4=70.6$ 万，他动用的资金不到总资金的 1/3，属于比较稳健的操作风格。其操作的目的是非常明确的，等国债期货价格上涨后再卖出合约平仓获取差价利润。那么，如果在未来行情并非他预期的那样看涨，而是下跌趋势明显（其实这种情况很常见），此时面对亏损他需要制定一个最坏情况下的应急预案，将亏损控制在能够承受的范围之内，也就是止损方案。于是他计划在价格跌至 95.00 时止损出局，也就意味着他能容忍的最大损失是 $(98.00-95.00)\times10000\times10=300000$ 元。这样做了以后，在最坏的情况下，他在损失 30 万以后发现，行情存在明显的跌势，那么应该反手做空，于是将现有头寸平仓后反手再做空，此时可用的资金为 70 万，在 95.00 做空 1 手需要的保证金为：$95\times10000\times3\%=28500$ 元，那么他仍然可以做 10 手空单。

（4）任何一个市场群类上所投入的保证金总额限制在总资本的 20% ~25% 以内。

当然了，上述几点仅仅是某些有经验的投资者总结的观点，在具体实战中，投资者可以结合自身的偏好以及经验进行资金的管理。

4. 选择流动性较高的近期合约

远期合约较近期合约交易周期长，时间跨度大，所蕴含的不确定性因素多，加之远期合约成交量及持仓量不如近期合约大，流动性相对差一些，因此，呈现远期合约价格波动较近期合约价格波动剧烈且频繁。

案例实战分析

我们这里以多头投机为例。

2012 年 7 月 2 日，由于近期来围绕欧债危机的话题不断，并受此影响，全球经济呈现出整体疲软，市场上普遍预期各国中央银行为刺激经济增长会实施宽松的政策，此种强烈的预期已经助推了黄金、原油等近期出现一定涨幅。而且就在 6 月 8 日，中央银行已经下调了存贷款的基准利率，但随后中央银行又连续在公开市场上进行逆回购操作释放流动性。同天相关部门又公布了 6 月份的 PMI（采购经理人指数）为 50.2%，比上个月回落 0.2% 且创下 7 个月来的新低。于是，该投资者估计，中央银行近期还会有进一步的宽松政策，最直接的便是再次降息。而且从另一方面看，受到股市低迷、房地产严厉调控政策的影响，似乎国债这种近似无风险资产受到追捧的人更多，于是某投资者，决定在买入 10 手国债期货合约（仿真）。

国债期货仿真合约日 K 线图见图 18。

7 月 2 日当天的行情数据见表 12。

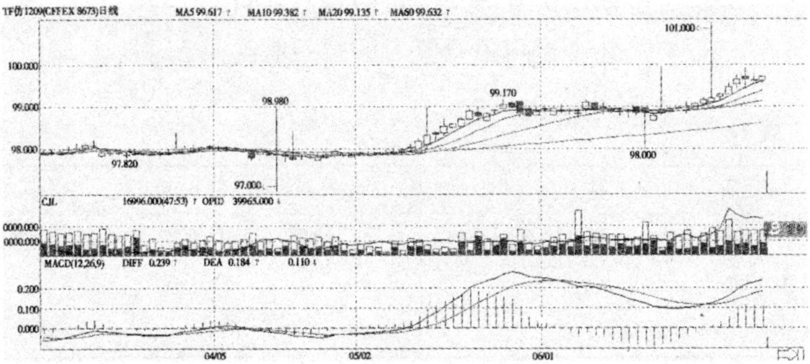

图 18　国债期货仿真合约日 K 线图

表 12

合约名称	开盘价	最高价	最低价	收盘价
TF1209	99.100	101.000	99.100	99.190

该投资者的买入价为 99.150。

到了 7 月 5 日，中央银行于晚间宣布自 7 月 6 日起下调金融机构人民币存贷款基准利率，这是中央银行不到一个月的第二次降息，这就意味该投资者期初的预测是正确的。在这期间，他所持有的 TF1209 合约也是连续上扬。在达到了自己的盈利目标时，该投资者准备平仓获利了结。

7 月 6 日，当天的行情数据见表 13。

表 13

合约名称	开盘价	最高价	最低价	收盘价
TF1209	99.700	99.900	99.420	99.658

该投资者的平仓价格按收盘价 99.658 计算。

整个过程中投资者的损益状况见表 14。

表 14

7月2日	7月6日
买进 10 张 TF1209 国债期货合约价格：99.150	卖出 10TF1209 国债期货合约价格：99.658
损益为：（99.658 − 99.150）×10000 ×10 = 50800（元）	

上述计算过程并未考虑到相关的成本，在进行国债期货投机交易过程中主要的成本为保证金占用成本和交易手续费。

国债期货的套期保值

国内目前持有国债现券的投资者主要是机构，这其中以商业银行为主，他们将成为国债期货最大的需求者，国债期货给他们提供了很好的风险管理工具。套期保值比率的确定一直是期货套保中至关重要的内容，这将直接影响到最终的套期保值效果。在熟悉了套期保值流程后，对于这一过程中的风险控制也尤为重要。

国债期货套期保值基础和参与主体

1. 国债期货的套期保值基本原则

套期保值是指投资者在买进或卖出某种国债现货

的同时，在国债期货市场上卖出或买进同种同量的期货，使期货市场的盈利（亏损）与现货市场的亏损（盈利）相互抵消，从而防止价格波动的风险。

国债期货的套期保值操作中主要应该遵循以下几点原则：

第一，要满足现货与期货之间的相关性要求。期货交易的一条重要原则是均等相对，现货与期货在品种、数量、影响价格变动的因素方面要相关。特别是在运用国债期货进行套期保值时，一种有价证券的价格波动应相似于另一种有价证券的价格波动程度，相关程度越高则保值效果越好。

第二，要将技术分析和基本分析法相结合，综合考虑多种影响利率变化的因素，正确预测货币市场利率变动的方向，从而决定是用多头套期保值还是空头套期保值，在设立交易部位后，要随时关注利率水平的变化。

第三，应合理选择期货市场与期货合约月份。套期保值者必须选择一个较为接近保值对象规格的市场，而且市场的交易要尽可能的活跃，以便完成交易。合约月份的选择，原则上是对冲所需要的实际时间，便于适时交割，但如果按较前月份价格计算出的基差更有利，不妨以较前月份来进行对冲。

第四，适时解除对冲交易。只要采取反方向交易，即可解除对冲。但对冲结果是盈是亏，取决于解除的时机。选择的时机应在价格波动形成的基差有利于自己时加以解除。若基差的变化不利于自己时，就应该采取换月交易，将对冲交易移到下一个交割月份，等待时机再进行对冲。

最后，随时注意基差的变化情况。基差的变化对交易者至关重要。交易者应该对基差的变化作一个完整的记录，并参照最近几个月的基差变化情况及历史资料，分析现货价格、期货价格与基差三者的关系，便于寻找有利的时机进行对冲交易。

2. 国债期货套期保值类型

套期保值主要分为多头（买入）套期保值、空头（卖出）套期保值和交叉套期保值。

（1）多头套期保值是指准备将来某一时期投资于国债的投资者担心因价格上涨而使购买国债的成本增加时，先在国债期货市场上买入一笔期货合约，届时再以较高价格卖出，以便盈亏对冲风险。

（2）空头套期保值是指投资者准备将来某个时期卖出国债以变现资金，担心到时候价格下跌而受损失，于是先卖出一笔期货合同，届时再买入等额期货合同，以使盈亏相对冲。

（3）在国债期货的套期保值中，交叉套期保值应用得更为普遍。这里需要解释一下什么是交叉套期保值，交叉套期保值指的是用一种工具的期货合约对另一种工具来进行套期保值。而如果期货合约标的物与保值的现货工具相同，则称之为直接套期保值。比如，人们不仅可用5年期国库券期货来对期限不是5年期的现货国库券实行套期保值，还可以用它来对不是国库券的其他短期金融工具来保值。这种保值的理论根据在于不同的债务凭证之间具有利率相关性。只要两种债务凭证之间具有高度的利率相关性，则以一种债务凭证为标的物的期货合约便可有效地为另一种债务凭证实施交叉套期保值。

3. 国债期货避险需求的主体介绍

根据中国人民银行发布的《2011 年金融市场运行报告》，我国债券市场的托管总额达 22.1 万亿元，银行间市场债券托管额为 21.4 万亿元，国债市场总额约 6.4 万亿元左右，是全球第五大、亚洲第二大的债券市场。一些机构投资者成为了债券的发行方和持有者，如银行、保险、基金、券商等。其中，商业银行占 66.52%、城市和农村商业银行占 11.25%、证券公司占 5.89%、保险公司占 4.55%、其他机构占 11.79%。与此同时，境外主体在境内开立人民币账户显著增加，截至 2011 年年末，共有 100 多个国家和地区的境外参加行在上海开立同业往来账户 700 余个；境外机构在上海开立的人民币银行结算账户（None Resident Account，NRA 账户）近 800 个，已有 40 多家境外商业性金融机构进入银行间市场，境外人民币直接投资（人民币 ODI）和外资人民币直接投资（人民币 FDI）业务的有序开展，为债券市场提供了发展空间，进一步衍生了国债期货市场的久期管理需求。从国债现货市场数据分布来看，我国商业银行的国债现货占比最高，体现了利率避险需求旺盛，同时也说明了国债期货是衍生产品市场中最初级的利率避险产品，具备久期组合管理、利率风险对冲功能、降低资金使用成本、优化资金配置、提升数据分析和算法交易型策略管理能力等优势。目前，中国金融期货交易所实行的制度是金字塔型分级结算会员结构形式。特别结算会员和全面结算会员为非结算会员提供结算服务，交易结算会员为自身交易进行结算。目前，中金所会员数量为 146 家，全面结算会员 15 家、交易结算会员 61 家、交易会员 70 家。银行参与期货业务的身份至今未有明确。银行经纪业务可能采取收购期货公司，或是通过申请中金所特别结算会员银行的交易和结算方式，来参与国债期货业务。

境外机构投资者、境内开户数上升和参与者的增加，说明了债券现货市场参与者国际化趋势明显，流动性也相应提高，为资金价格发现和 SHIBOR 基准利率形成奠定了基础。

国债期货的套期保值比率

1. 套期保值比率概念

套期保值比率是指为规避固定收益债券现货市场风险，套期保值者在建立交易头寸时所确定的期货合约的总价值与所保值的现货合同总价值之间的比率。

确定合适的套期保值比率是减少交叉套期保值风险，达到最佳套期保值效果的关键。由于固定收益债券的票面利率有许多种，且大都不等于利率期货合约的标的资产（一般都是虚拟券）规定的利率。因此，在运用利率期货对固定收益债券进行套期保值时，固定收益债券现货的价值与所需利率期货合约的价值之间并不是1:1的关系，规避等量不同品种债券的利率风险时，在利率期货市场上需要不同面值的期货头寸。而且基差风险的存在，会使套期保值的效果受到很大影响，运用套期比率的概念，套期保值者能够尽可能地降低基差风险的影响。

在完美套期保值下，现货头寸价格波动的损失应正好为期货头寸的盈利冲抵，即：套期保值债券价格波动=期货合约价格波动×套期保值比率。因此，套期保值比率应该等于现货价格变动程度与期货标的价格变动程度的比。如果套期保值债券的波动大于所用来进行套期保值期货合约的波动，那么套期保值比率应大于1。

2. 套期保值比率的计算

（1）利用久期计算套期保值比率。前面对于久期的概念我们做了详细的介绍，那么我们可以设计国债期货对国债现券进行套期保值的策略，并计算其套保比率。

以卖出套保为例：

卖出期货合约的数量=国债期货组合价值的变化/每个期货合约价值的变化。对于现货债券组合而言，其价值的变化的计算都有比较成熟的方法，问题在于如何对虚拟债券的国债期货合约的价值变化进行定义。一般来说，可认为期货合约久期等于最便宜交割债券的久期，则，

卖出期货合约的数量 =（组合久期 × 组合的市场价值）/（期货久期 × 期货合约价值）；或：

卖出期货合约的数量 =（组合久期 × 组合的市场价值）/（CTD 久期 × 期货合约价值）

其中，期货合约价值 = 期货价格 ×10000。

从上面的公式可以看出，要计算所需的合约张数，就首先要寻找期货合约对应的最便宜交割债券（CTD），并通过国债现货和该 CTD 建立联系。这里为简化计算，假设某国债现货组合的久期为 4，市值为 10000000，期货合约的久期为 5，期货价格为 100，那么所需要的合约数量为：

$$N = \frac{(4 \times 10000000)}{(5 \times 100 \times 10000)} = 8$$

（2）利用基点价值法计算套期保值比率。除了久期外，另外一个对影响债券价格波动性的衡量指标是基点价值（Price Value of Basis point，PVBP）。简单说，就是市场利率变动一个基点（0.01%）时，债券价格的变化量。风险管理实践中习惯于假定债券收益率上升一个基点，债券投资者的基点价值通常表现为负值。基点价值在收益率变化幅度很小的时候，可以很好描述债券价格和收益率的变化关系。但当收益率变化幅度较高时，用基点价值用来描述债券价格与收益率的变化关系就有其局限性了。

$$PVBP = -\frac{1}{10000}\frac{dP}{dy} \approx \frac{D \times p}{10000}$$

式中：D 表示久期；

P 表示资产价值。

比如，现货债券组合的久期为 D_m，组合的价值为 P_m，$PVBP_m$ 为现券组合的基点价值，最便宜交割债券的久期为 D_{CTD}，价值为 P_{CTD}，最便宜交割债券的基点价值为 $PVBP_{CTD}$。

以一个例子为例，假设我们有表 15 的数据：

表 15

D_m	P_m	$PVBP_m$	D_{CTD}	P_{CTD}	P_{CTD}	CF
4.22	10865181	4585.1	5.35	1004920	537.6	0.9909

按照经验，期货合约的一个基点价值等于最便宜可交割国债的一个基点价值除以其转换因子。那么，所需要卖出的期货合约的公式为：

$$N = \frac{PVBP_m}{PVBP_f} = \frac{PVBP_m}{PVBP_{CTD}/CF}$$

将上数据代入可得，N = 8.61

3. 套期保值比率的调整

以上基于久期和基点价值的套期保值方案中，我们假设了在利率变动的过程中，被套保的国债现券的利率变化幅度和国债期货合约（或最便宜的可交割债券）的利率变化幅度一致。也就是说，上述两种计算套期保值比率的方法是在市场收益率曲线平行移动的时候得到的结果，是一种理想情况。但在实际经验中，收益率并不总是平行升降的。收益曲线平坦和陡峭化的趋势都可能存在。例如期货合约的最便宜可交割国债的当前实际市场收益率在3%，我们却用它来为一个当前实际市场收益率在4%的国债进行套保。在收益率整体下降的过程中，收益率曲线往往倾向于变得陡峭，也就是说，最便宜可交割国债收益率变动的幅度可能要大于被套保国债收益率变动的幅度，如果沿用基点价值的方法，则期货空头上的损失可能会大于现货方面的收益。

为了解决这个问题，我们在套保方案设计中，还应该考虑被套期保值的债券和期货合约（最便宜可交割债券）之间的收益率关系。还是以上段中的例子来说明，如果我们发现每次被套保的国债（即当前市场收益率在4%的国债）其利率变动1个基点的时候，期货合约对应的最便宜可交割国债（当前市场收益率在3%的国债）则变化2个基点，那么我们在原有经验法则的基础上只需要考虑到这个基点变化幅度的比值就可以了。我们把这个相对收益率的比值叫做收益率贝塔。因此需要利用历史上收益率变动的数据进行回归分析：

$$y_i = \alpha + \beta_i y_{ctd} + \varepsilon$$

式中，y_i 为现货债券收益率；

y_{ctd}为可CTD债券的收益率。

那么调整后的值为：

$$N = \frac{PVBP_m}{PVBP_f} = \frac{PVBP_m}{PVBP_{CTD}/CF} \cdot \beta$$

国债期货套期保值操作流程

国债期货套期保值操作流程如下：

1. 对市场走势进行分析和判断

该步骤是确定目前在现货市场上的组合是否需要套期保值规避风险和采取何种交易方向来进行套保的前提。与国债期货的投机交易相似，对利率市场走势的预判是基于宏观经济研究等方面的综合性分析，利率市场走势预判越准确，套期保值成功率越高，所需付出的机会成本也会越低。

2. 进行系统性风险测量，并确定是否进行套保

套期保值的目的是为了通过现货市场和期货市场之间的反向操作来规避系统性风险。若某个债券或组合的系统性风险很小，则对这种债券或组合进行套期保值操作时，就得不到好的套保效果。通过测量现货组合和期货指数的变动关系或系统性风险程度，投资者可以区分所拥有的头寸组合是否适合进行套期保值交易。若组合的系统性风险比例很小，则采用套期保值策略无效，投资者应该选择采取传统的卖出方式或其他更好的方法来规避风险。

3. 确定套保目标，并选择套保方向

在国债期货的套期保值中，套期保值目标就是目标利率。所谓目标利率，指的是套期保值者预期通过套期保值而可锁定于某一水平的利率。通常情况下，这一利率是由开仓时的期货利率加上未来的利率基差构成。而若套期保值者准备于合约到期前平仓，则无法确定目标利率水平，因为这其中的基差利率在开仓时为一未知数。于是，在套期保值中，套期保值者将面临一定的基差风险。当然，通常这种基差风险远小于未套期保值时的利率风险，所以套期保值还是很值得的。

在保值时，投资者究竟选择多头套期保值还是空头套期保值，应根据自己在现货市场所持有的部位而定。投资者在现货市场上持有空头部位，则他应选择多头套期保值；反之，则应选择空头套期保值。

4. 确定套保期限及选择期货合约

一般来说，套保中选择的期货合约月份应该与套期保值的客观条件保持相同或相近，这从方法有效性的角度也对套保期限的选择提出了要求。另一方面，由于期货具有到期日效应，即：临近期货到期日时，现货市场会出现股价剧烈波动和成交量明显放大的异常现象。如果套期保值结束时间临近期货交割时间，套期保值效果很可能会因现货市场甚至期货市场的动荡而降低。当然，选择到期时间较长的合约并不意味着越远期的合约越好，还要兼顾考虑流动性，合约到期时间越长，流动性越差。

当然，在这里可以考虑使用展期套保策略。展期套保的原理是通过不断使用高流动性的短期合约来代替流动性差的长期合约实现对资产较为长期的保值方案，即当对一项资产进行套期保值时，如果在到期时间内没有相对应的远月期货合约，只有短期合约；又或者远月合约的流动性低，无法达到套保所需的量，此时就需要采取展期套保的方式。但由于展期策略在实际应用中较为复杂，具体的策略、风控等细节需要根据实际情况而定，此处对其不加以展开。

5. 计算期货合约数量

按照上节中的计算套期保值比率的方法确定所需要的期货合约数量，在次不重复讲述。

6. 在期货市场上相应的国债期货买卖

在期货市场进行相应的国债期货买卖，并注意做好风险控制。

国债期货套期保值的风险管理

期货的套期保值功能能有效对冲掉现货市场的系

统性风险，但是，这种操作也不是百分之百能保证达到套保者的预期效果的，同样是有风险，只不过其风险和投机和套利相比要小很多。市场上对于套期保值存在一定的误区。有投资者认为，套期保值就是实物交割且没风险；还有投资者认为，套期保值不用像投机那样分析行情。其实这是些误区，主要是由于对期货市场的套期保值风险不熟悉。下面，将在期货市场上进行套期保值操作过程中常见的一些风险进行简单介绍。

1. 国债期货套期保值的基差风险

在套期保值比率确定的情况下，国债期货套期保值效果的好坏是由基差变化幅度决定的。基差指的是标的资产的现货价格与期货价格之差。基差的变化可以导致利率期货套期保值效果的不确定性，这种不确定性也即基差风险。国债期货的基差风险来源主要有以下几个方面：

（1）利率期货套期保值交易时利率期货价格对于利率现货价格的基差水平及未来收益情况的变化。市场中由于大量投机者和套利者的存在，利率期货价格在交割日一般是和利率现货价格接近，此时基差接近于0。因此，套期保值交易的风险大小就受到交易时的基差水平、基差变化趋势以及平仓对冲时间的影响。

（2）影响持有成本因素的变化。理论上，期货价格等于现货价格加上持有持本，由于国债期货不同于商品期货，它没有存储和运输等成本，但是依然有资金的机会成本。所以，这里指的持仓成本主要是指资金成本，如果持仓成本发生变化，基差也会发生变化，从而影响到套期保值的最终效果。

（3）交叉套期保值中的基差风险。国债期货合约的设计中标的债券为5年期标准国债，这里的标准国债指的是一种虚拟国债，并非现货市场中真实存在的。故在进行套期保值中存在被保值的标的国债与期货合约的标准国债之间存在一定程度的不匹配。这样交叉套期保值的基差变动则由两部分构成，一部分是套期保值的债券的期货合约价格与现货价格之间的价差，另一部分是套期保值债券的利率现货价格与被套期保值资产的利率现货价格的价差。

（4）随机扰动。尽管利率期货价格走势和利率现货价格走势具有一致性，但二者是在两个相对独立的市场上进行交易，既受相同因素的影响，又有各自市场上的独立因素影响，这就使得基差频繁的变动。

基差的变动与套期保值的效果可以归纳为表16。

表16　　基差的变动与套期保值的效果

基差变化（相对套保初期）	买入套期保值	卖出套期保值
变大	盈利小于亏损	盈利大于亏损
变小	盈利大于亏损	盈利小于亏损
不变	盈亏相抵（实现完全套期保值）	盈亏相抵（实现完全套期保值）

对于基差交易的防范和管理，主要是尽量选择期货合约到期日在现货交易日之后、且离现货交易日最近的合约作为套保合约，二是通过观察基差的变化来动态调整套期保值比率。在进行套期保值交易时，投资者应注重对基差变化的研究，尽可能把握基差变化规律，并建立有效的套期保值基差风险评估和监控制度，当基差出现不利的异常变化时需要及时调整仓位，以控制套期保值的基差风险。在基差风险评估时，尤其需关注有可能导致巨大亏损的小概率事件引发的基差风险。

2. 国债期货套期保值的模型风险

机构投资者国债期货交易的模型风险是指机构投资者在运用各种金融模型进行套期保值比率计算时，由于模型的建立需要一些假设前提，这种理想状态与市场实际状况之间存在某种程度的不符，使得实际套期保值效果与模型给出的理论结果产生偏离，给投资者带来损失而形成的风险。任何交易模型都是存在一定的假设前提，机构投资者股指期货交易模型使用的普遍性要看其研究实力强弱和投资多样性的需求。比如，基于久期和凸性的套期保值模型、主成分套期保值模型等。这些模型有自己的优点，但所得到的结果也会有差异。比如这种传统的套期保值模型就存在两个方面的问题。首先，套期保值行为依赖于两种非冗余国债期货合约组合的选择，因此难以评估这种效果；其次，对于国债期货的久期和凸性的度量方法是不正确的，因此不能准确的估计套期保值比率。国债期货的利率风险应该考虑国债期货和其最便宜交割债券（Cheapest to Delivertreasuries，CTD）之间的联系。

3. 流动性风险

期货市场的不同合约之间，活跃程度不同，其流动性也不同，如果相对应的期货合约流动性差，就有可能出现“想买但买不进”、“想卖但卖不出”的问题。为了规避流动性风险，应尽量选择交易量比较大的近月合约作为套期保值合约，宁肯近月合约到期时展期，也不宜选择那些流动性较差的远月合约。目前，我国金融期货市场处于发展初期，市场交易规模相对较小，当套期保值交易规模较大时，可能因合约的流动性不足而产生较大的冲击成本，甚至出现建仓无法完成的情况。因此，在测算套期保值比率时，一定要考虑期货合约的流动性，合理确定套期保值交易规模，避免因建仓、获利了结无法按计划实施而影响到套期保值的效果。

4. 决策风险

套期保值并不是简单的买或卖，作出何种决策，必须根据对市场趋势的判断。如果对期货市场行情判断失误，则可能作出相反的决策。在实际操作中，除了大方向的确定，对期货市场的进入时机和进入点位置的判断也非常重要，有时即使只相差一两天，套期保值的效果也会有差别。虽然期货与现货操作要基本上同步，但在实际操作中，对期货市场的进入时机和进入点位置的判断也非常重要，即使只相差一两天，套期保值的效果差距也会非常大。

5. 财务风险

在套期保值过程中，期货合约的价格始终处于波动状态，有时市场可能还会朝投资者预期相反的方向运行；并且，保证金比率也可能面临调整，因而对交易保证金的要求也是变化的。当投资者保证金账户的资金余额无法满足交易保证金要求时，其持有的套保头寸可能面临被强行平仓的风险，从而直接导致套保计划失败。因此，即使在套期保值交易中，也应该做好资金管理，以备不时的保证金追加需求。

案例实战分析

1. 空头套期保值（空头对冲）

如果投资者持有国债，担心利率价格上涨带来国债价格下跌，投资者可以购买国债期货空头合约对冲特定时间内国债价格下跌的风险。

众所周知，利率具有波动性，借款者常常希望通过利率期货的套期保值来锁定借款利率。由于市场上多数利率都倾向于围绕短期国债利率来进行波动，交易者可以通过交叉套期保值的方式来转移部分市场利率风险。比方说，某银行预计将在5个月后进入180天大额存单市场进行筹资，以履行对客户的支付义务。为了避免将来由于利率变动而带来的筹资成本的变化，该银行进入期货市场进行利率期货的套期保值。如果该银行选择以出售短期国债期货合约的方式来进行交叉套期保值，那么，当市场上大额存单利率和短期国债利率以相同比率变动时，该套期保值将最有效；否则，这种方式将保留大额存单收益率单独变动的风险。

一般来说，金融工具与短期国债的替代关系越紧密，短期国债利率期货合约所能为交易者提供的套期保值效果也就越好。通常，短期国债期货合约可以为那些期限短、风险小的金融工具提供良好的交叉套期保值，而对于长期金融工具，则无法保证套期保值的有效性。

2. 多头套期保值（多头对冲）

如果投资者在未来一段时间内（如3个月）有现金流流入，计划购买国债，但是投资者担心利率下跌带来国债价格上涨，导致构造成本增加，投资者可以购买国债期货多头合约对冲特定时间内国债价格上涨的风险。

假设投资者希望在3个月后买入价值为5000万

元的国债 A，国债 A 的 CF 为 0.92，则我们需要买入 50000000×0.92÷1000000=46（张），需 46 张国债期货标准合约进行对冲。

如果 3 个月后由于利率下降 0.25% 导致国债价格上涨 1 元，购买成本增加约 50 万元。但这段时间内国债期货同样上涨了 1.1 元。在这个时间点上进行平仓的操作（平仓国债期货的多头合约，同时用资金购买对应的国债），客户可以在国债期货获利 29.7 万元，总体上亏 3000 元，基本上对冲了国债期货上涨所带来的成本增长。

如果 3 个月后由于利率上涨 0.25% 导致国债价格下跌了 1 元，国债期货价格下跌了约 1.1 元，在这个时间点上进行平仓的操作（平仓国债期货的多头合约，同时用资金购买对应的国债），由于投资者持有国债期货的多头合约，在国债期货上损失 57.2 万元。但是购买债券的价格比预期减少了 50 万元，投资者也对冲了风险，将净损失降为 7.2 万元。

假如投资者不希望在国债期货的交割日前平仓，可以选择进行交割。根据目前已有的信息，国债期货采取实物交割的方式。即是投资者可通过交割获得价值约 5000 万元（46 张×国债期货交割价÷CF）的债券，同样实现了自己在 3 个月后购买国债的目的。

国债期货的套利

国债期货市场为交易者提供了大显身手的机会，除了可通过在价格看涨时买进期货合约、在价格看跌时卖出合约获利外，还存在利用期货间价格差距获利的机会。

国债期货的套利特点

国债期货的套利指的是投资者利用暂时存在的不合理价格关系，通过同时买进或卖出相同或相关的国债期货合约，从中赚取价差收益的交易行为。

这里所指的不合理关系包括多种不同的情况：第一种是同种国债期货合约在不同市场之间的价格关系；第二种是同一市场，同种国债期货合约在不同交割月份间的价格关系；第三种情况是同一市场、同一交割月份的不同国债期货合约的价格关系；第四种是在期货和现货市场价格之间的价格关系。所有这些不合理的价格关系一般只存在于一个较短的时间内，通过套利活动，这些价格关系很快得到矫正或拉平。另外，根据这四种不同的价格关系，套利活动可分为跨市场套利、跨期套利、跨品种套利、期现套利。

国债期货的跨期套利

跨期套利就是在同一期货品种的不同合约上建立数量相等、方向相反的交易部位，最后以对冲或交割的方式结束交易。换句话说，当不同期限合约之间的价格出现异常变化时，买进近期合约、卖出远期合约（或买进远期合约、卖出近期合约）。待价格关系恢复正常时，再分别对冲获利。国债期货合约仿真交易中有 3、6、9、12 四个不同到期月份的期货合约，投资者可以在这些合约之间发现套利机会并进行买卖。在跨期套利中，按照组合的方式可以划分为牛市跨期套利、熊市跨期套利、蝶式跨期套利。在本章后面部分将对这些组合进行介绍。

1. 跨期套利的原理

在对上述三种跨期套方式进行介绍之前，需要先解决一个重要的问题，那就是国债期货跨期套利的原理是什么？换句话说，是不是任何时候都能进行套利操作？其实，套利机会不是时刻都存在的，甚至是稍纵即逝的。

根据无套利定价模型，国债期货的理论价格可以按照下列公式表达：

$F_t=(S_t+I_t)\cdot e^{r(T-t)}-I_{T-t}$

式中：F_t 为期货净价；

S_t 为现货净价；

I_t 为上次付息日到时间 t 的债券应计利息；

I_{T-t}为 t 时刻到交割日的息票收入；

r 为融资利率；

$T-t$ 为 t 时刻至到期日的日期。

为便于理解，我们举个例子来计算 TF1206 合约的理论价格。假设今天是 3 月 27 日，现券净价为 99.9057，上次付息日到 3 月 27 日一共 19 天，票面利率为 3.14%，那么得到应计利息为：$3.41\times19/365=0.1775$，同期三个月质押回购利率加权平均值为 4.25%，3 月 27 日到 6 月 13 日交割的息票收入为：$3.41\times78/365=0.7287$。

代入国债期货的理论价格公式，得到 TF1206 合约的理论价格（净价）为：

$(99.9057+0.1775)\times e^{4.25\%\times(78/365)}=97.86$

求解这个理论价格的目的是为了判别是否有套利机会存在。当不同合约之间的实际价差不等于理论价差时，存在跨期套利的空间。我们仍以上面的例子来说明，3 月 27 日 TF1206 合约与 TF1209 合约的价差为 TF1209 价格减去 TF1206 价格。如表 17 所示，理论价差为 0.45，实际价差为 0.05，则买入 TF1206 合约，卖出相同份数的 1209 合约。

表 17　　套利机会的判断

理论值			实际值		
TF1206	TF1209	价差（TF1209 - TF1206）	TF1206	TF1209	价差（TF1209 - TF1206）
97.86	98.31	0.45	97.96	98.01	0.05

这里需要说明一点，在实际操作中，合约之间的价差不一定收敛于理论价差，更加实际的做法是通过对合约之间的历史价差进行分析，根据历史价差，确定合约之间价差波动的上限和下限，在合约价差突破上下限时，采取相关跨期套利策略（见图 19）。

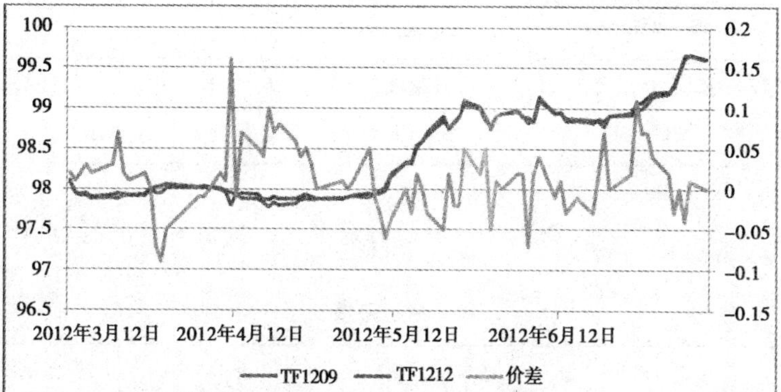

图 19　TF1209 和 TF1212 价差走势

上图19的价差值（TF12012收盘价 - TF1209收盘价）时间从2012年3月12日起至2012年7月9日。价差的波动区间长时间内在［-0.05，0.1］区间内，在3月29日这天达到-0.09随后逐渐反弹回归，在4月11日的时候达到0.16的最大值。结合这一特点我们可以做如下的套利操作：在4月11日这天买入一份TF1209合约，同时卖出一份TF1212合约，此时的价格关系见表18。

表18　　价格关系

TF1209（2012年4月11日）	TF1212（2012年4月11日）	价差（2012年4月11日）
97.80	97.96	0.16

在5月11日两份合约的价格及价差关系见表19。

表19　　价差关系

TF1209（2012年5月11日）	TF1212（2012年5月11日）	价差（2012年5月11日）
98.19	98.15	-0.04

此时选择将两份合约平仓，则盈亏情况见表20。

表20　　平仓后盈亏情况

TF1209	TF1212	总盈亏
（98.19 - 97.80）×10000 = 3900	（97.96 - 98.15）×10000 = -1900	2000

投资者按照上述操作后，将获得2000元的盈利。

2. 牛市跨期套利

牛市跨期套利也叫正向跨期套利，交易者买入近期货，并卖出远期货，若市场看涨，则寄希望于在看涨市场中近期货合约价格上涨幅度会大于远期货合约价格上涨幅度。反过来说，若市场看跌，则希望近期货合约价格跌幅小于远期货价格跌幅。

【案例20】假如某交易者在对国债市场观察数月后发现，在2月中下旬，6月份交割的5年期国债期货价格为97.94，9月份期货价格为98.19，价差为0.25，他通过简单计算发现，在2月20日当天的价差0.25达到了仿真交易以来的最大值，于是他估计价差将下降，决定做牛市套利，即买入近期货，同时卖出远期货。

牛市跨期套利在两种情况下是盈利的，一种是近月合约上涨的幅度大于远月合约上涨的幅度；另一种情况是近月合约下跌的幅度小于远月合约下跌的幅度。上述两种情况下的共同点是价差都是缩小的。在图20中的价差走势图中，2月20日进行的套利操作遵循后一种情况，即在价格下跌的时候，近期合约跌幅小于远期合约。更简单的理解这点，只需记住牛市跨期套利是买近月合约，卖远月合约，正因为如此，近月合约在价格上涨的时候是赚钱的，远月合约在涨的时候是亏钱的；而近月合约在价格下跌的时候亏钱，远月合约在价格下跌的时候赚钱，始终把握住赚的钱比亏的钱多，则整体盈利。

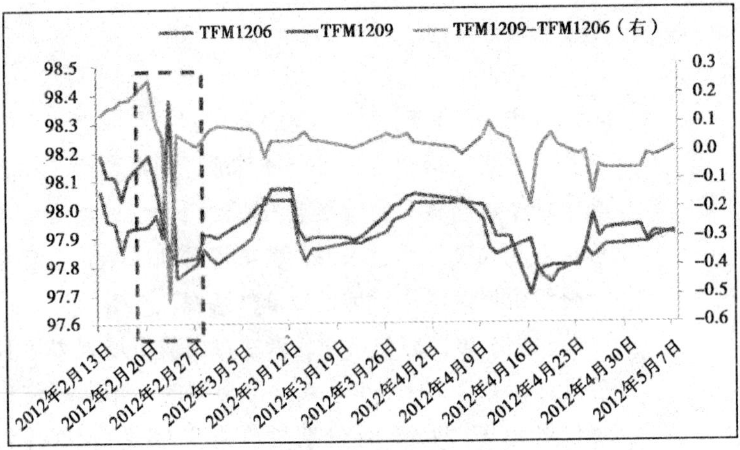

图 20　价差走势图

牛市跨期套利盈亏见表 21。

表 21　　　　牛市跨期套利盈亏

6 月份期货	9 月份期货	价差
2 月 20 日 买进 1 张 6 月份 5 年期国债 合约价格：97.94	卖出 1 张 9 月份 5 年期国债 合约价格：98.19	0.25
2 月 27 日 卖出 1 张 6 月份 5 年期国债 合约价格：97.81	买入 1 张 9 月份 5 年期国债 合约价格：97.83	0.02
亏损（97.81 - 97.94）×10000×1 张合约 = -1300（元）	获利（98.19 - 97.83）×10000×1 张合约 = 3600（元）	0.23
净获利为 3600 - 1300 = 2300（元）		

3. 国债期货的熊市跨期套利

熊市套利又叫反向跨期套利，在做法上恰好与牛市套利相反。在做国债期货的卖空套利时，交易者卖空近期货，寄希望于在看涨的市场中，远期货合约价格的上涨幅度会大于近期货合约上涨幅度；而在看跌的市场中，则希望远期货合约价格下跌幅度会小于近期货合约价格下跌幅度。我们还是用仿真交易的数据来举例说明如何运用熊市跨期套利来赚钱。

图 21 是 TF1209 和 TF1212 价差走势图。

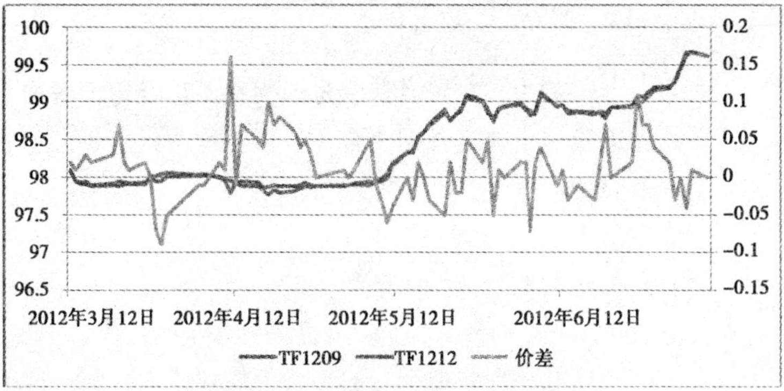

图 21 TF1209 和 TF1212 价差走势

【案例 21】 接上例，在 3 月 29 日这天，合约之间的价差达到最低，即出现较大程度的贴水，价差为 -0.09。若此时某投资者预计未来价差会回归，由于在当前无法预知回归的程度，但这个不要紧，只要投资者认为未来价差会大于 -0.09，且回归程度能覆盖相关的交易成本，就可以在卖出 TF1209 合约同时买入TF1212合约。合约的相关价格和价差见表22。

表22 熊市跨期套利盈亏

TF1209	TF1212	价差
3月29日 卖出1张9月份国债合约 价格：98.04	买进1张12月份国债合约 价格：97.95	-0.09
4月12日 买入1张9月份国债合约 价格：97.93	卖出1张12月份国债合约 价格：97.92	-0.01
结果： 获利（98.04-97.93）×10000×1张合约=1100（元）	结果： 亏损（97.92-97.95）×10000×1张合约=-300（元）	
净获利为1100-300=800（元）		

该例中，投资者获利是因为在两份合约价格均下跌的过程中，近月期货合约价格下跌的幅度要大于远月合约。

4. 国债期货的蝶式跨期套利

还有一种跨期套利的形式为蝶式跨期套利。这种套利方式的操作相对前面两种方式稍微复杂些。蝶式跨期套利同时进行三个交割月份的合约买卖，通过中间交割月份合约与前后两交割月份合约的差价变化获利。因此，可以把蝶式套利看作是由两个方向相反、共享中间交割月份的跨期套利交易组成。例如：买进5张3月份国债期货合约，同时卖出10张6月份国债期货合约和买进5张9月份国债期货合约，待到有利时机，将手中部位对冲，即卖出5张3月份国债期货合约，同时买进10张6月份国债期货合约和卖出5张9月份国债期货合约。这一过程可看作牛市跨期套利（买进5张3月份合约，卖出5张6月份合约），并辅以一个熊市跨期套利（卖出5张6月份合约，买进5张9月份合约）。套利者之所以对蝶式套利交易感兴趣，原因就在于套利者认为中间交割月份的合约价格与两边交割月份合约价格之间将会出现差异。

【案例22】 4月9日公布的3月份CPI为3.6%，高于市场预期，预计随后国债收益率走高会提前实现，也就是当前TF1209期货合约的市场价格在TF1206和TF1212构建的价格时间线上被高估，那么通过买入TF1206和TF1212，同时2倍卖出TF1209就可以在未来价差变化中获得利润。

蝶式跨期套利价差走势见图22。

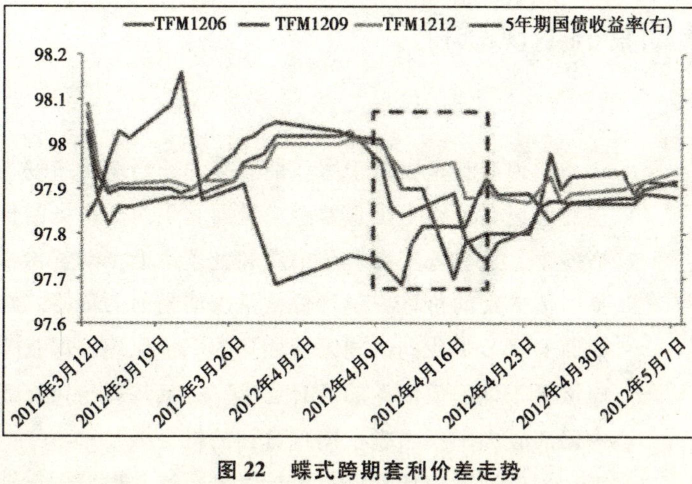

图22 蝶式跨期套利价差走势

蝶式跨期套利损益见表23。

表23　　蝶式跨期套利损益

TF1206	TF1209	TF1212
2012年4月9日 买入1手 价格：97.96	2012年4月9日 卖出2手 价格98.01	2012年4月9日 买入1手 价格98.00
2012年4月20日 卖出1手 价格：97.78	2012年4月9日 买入2手 价格：97.80	2012年4月9日 卖出1手 价格：97.88
盈亏：97.78－97.96＝－0.18（元）	盈亏：（98.01－97.80）×2＝0.42（元）	盈亏：97.88－98.00＝－0.12（元）
总盈亏：（0.42－0.18－0.12）×10000＝1200（元）		

国债期货的期现套利

期现套利是指对于国债期货合约，当期货市场与现货市场在价格上出现差距，从而利用两个市场的价格差距，进行低买高卖从中获利。理论上，期货价格是国债未来的价格，现货价格是国债当前的价格。在前面的章节中我们讲到国债期货的定价原理，即基差应该等于该国债债券的持有成本。一旦基差与持有成本偏离较大，就出现了期现套利的机会。

国债现货市场和期货市场紧密相连，根据国债期货交割制度的设计，期货价格在合约到期日会与现货市场标的债券的价格相等。但行情运行中，期货合约价格常受多种因素影响而偏离其合理的理论价格，与现货之间的价格差距往往出现过大或过小的情况，一旦这种偏离出现，就会带来在期货市场和现货市场之间套利的机会。简单来说，投资者可以先借钱买入国债现货，然后质押回购融资，偿还先前借款，并建立期货空头，到期给付国债，完成交割。这样操作，投资者可以在没有成本投入的情况下赚取期货和现货之间的价差，但也要承担回购利息，还有交割时候获得持有国债的应计利息。当然，投资者也可以通过国债空头和期货多头来获得反向套利。下面介绍判断期现套利区间的方法（见图 23）。

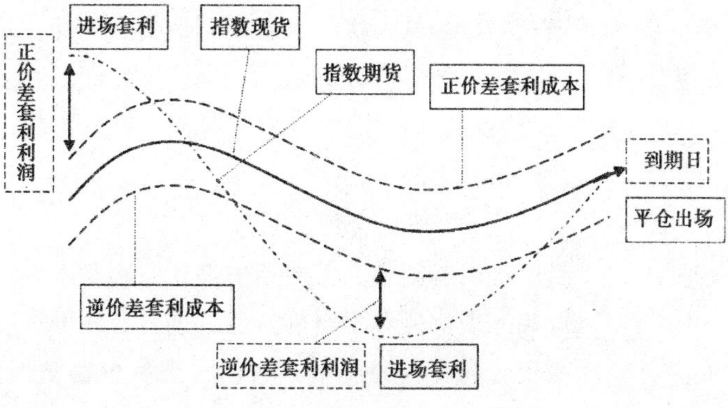

图 23　期现套利区间

根据美国国债期货的交易经验，运用隐含回购利率与相应期限质押式债券回购利率的差异可以进行国债期货的期现套利机会分析。二者之间的差异即为理论的套利空间。隐含回购利率是在 t 时刻买入可交割券，卖出期货，并在合约到期日交割实物，该交易隐含的融资资金成本。即持有“多头可交割券 + 空头期货”的组合至交割日的理论收益率。国债期货交易中，由于不存在仓储等成本，最主要的成本便是融资的资金成本。国债现券市场中一般采用回购的方式来融通资金，质押回购利率反映了市场化的融资成本。隐含回购利率的计算公式如下：

$$IRR = \left[\frac{F_t \times CF + I_T}{S_t + I_t} - 1\right] \times \left[\frac{360}{T - t}\right]$$

式中：IRR 为隐含回购利率；

F_t 为期货合约在时间 t 的价格；

S_t 为可交割券现货在时间 t 的价格；

CF 为转换因子；

I_T 为从上次付息日期到期货合约交割日的债券应计利息；

I_t 为从上次付息日到时间 t 的债券应计利息；

T 为期货合约交割日。

当隐含回购利率大于同期质押式回购利率时，便可以做买入现货债券卖空国债期货进行套利操作。

期现套利有两种类型：当债券现货价格被低估，某个交割月份的期货合约价格被高估时，投资者可以卖出该期货合约，同时买进等量债券现货，建立套利头寸，当现货和期货价格差距趋于正常时，将期货合约平仓，同时卖出全部债券现货，获得套利利润；而当期现货价差维持偏离状态或继续扩大，则可以继续持有套利头寸直至交割月份并参与交割，获得入场时价差在扣除持仓成本后的利润，这种策略称为正向基差套利。当债券现货价格被高估，某个交割月份的期货合约被低估时，投资者可以买入该期货合约，同时以高位价格卖出等量债券现货，锁定价差，建立套利头寸，若期货合约价格上涨，可以择机将期货头寸平仓获利；若期货合约价格下跌，则可以参与交割，相当于以较低价格买回建仓时卖出的债券现货，这是反向基差套利。

期现套利对于国债期货市场非常重要。一方面，正因为国债期货和现货市场之间可以套利，国债期货的价格才不会脱离债券现货价格而出现离谱的价格。期现套利使国债期货价格更合理，更能反映国债市场的走势。另一方面，套利行为有助于国债期货市场流动性的提高。套利行为的存在不仅增加了国债期货市场的交易量，也增加了国债现货市场的交易量。市场流动性的提高，有利于投资者交易和套期保值操作的顺利进行。

国债期货的跨品种套利

跨品种套利是指利用两种不同的，但相互关联的品种之间的合约价格差异进行套利交易。即买入某一交割月份的某种合约，同时卖出另一相同交割月份、相互关联的其他品种合约。对于某些品种，如豆油、豆粕之间，棉花和 PTA 之间，焦炭与钢材之间因其价格相关程度较高，有进行跨品种套利的条件。而国债期货上市后，国内的金融期货市场有限，进行跨品种套利的难度较大。

国债期货套利交易的风险管理

总体而言，期货的套利风险相对对投机而言要小，但也不是完全的无风险套利。因而，风险控制就显得十分重要。在进行国债期货套利时，投资者要注意下面几点：

（1）保证套利过程中资金的充足。从国外市场实践看，期货套利所占的市场份额相对稳定，在期货推出初期，套利机会的出现尤为频繁，套利空间也相当显著。另一方面，与ETF套利不同，期货套利交易通常需持续一定期间，为保证套利交易的成功，也需要保留充足资金以满足维持保证金需求。我国国债期货推出初期，期货价格偏离合理价格的幅度可能更大，同时市场波动加大，从而导致的保证金要求也可能更高，建议提供较大规模的资金，用于国债期货套利业务。

（2）要恰当选择套利交易的退出时机。理论上，套利交易所持头寸需持有到期，但实际上，当期货、现货之间价差出现有利时机时，套利者可以采用变动策略。在期货价格发生了有利变动时，提前结束套利头寸，可以避免在期货交割时不能关闭现货头寸的风险，提高了从套利头寸中获利的机会。

（3）尽量选择市价平仓，且要同时平仓。市价平仓能保证投资者在很短的时间内将合约成交，这与限价平仓相比更有利于套利策略的实施，投资者宁愿少赚点。无论盈亏，要同时平仓，切不可单漂一个方向。

而对于监管层来说，国债期货推出初期阶段应重视对国债期货套利交易进行监管，应该限制投机者，支持套期保值者，鼓励套利者。

案例实战分析

预计在国债期货上市以后，国内市场上对于运用这一工具进行套利会集中在期现套利上，这里以期现套利为例。

【案例23】 3月27日，TF1206价格在97.91和97.98的区间内波动，收于97.96。CTD券12附息国债05的现券价格为99.9057，用收盘价计算所得的隐含回购利率为5.5%，高于同期质押回购3个月利率均值4.25%。出现套利空间，采取“多头现券+空头期货”的策略。

期现套利相关数据见表24。

表24　期现套利相关数据

TF1206收盘价	97.96
12附息国债05现券价格（净价）	99.9057
12附息国债05转换因子	1.0246

续表

12 附息国债 05 上一付息日	2012 年 3 月 8 日
TF1206 合约交割日	2012 年 6 月 13 日
应计利息	12 附息国债 05 票面利率 × 债券面值 ×（19/365） = 3.41% × 1000000 × 19/365 = 1775
隐含回购率	$IRR = \left(\frac{97.96 \times 1.0246 + 091}{99.9057 + 0.1775} - 1\right)\frac{360}{78} =$ 5.5%
质押式回购利率 3 个月加权平均值	4.25%

前面提到当隐含回购利率大于同期质押式回购利率时，便可以做买入现货债券卖空国债期货进行套利操作。

期现套利区间的判断见图 24。

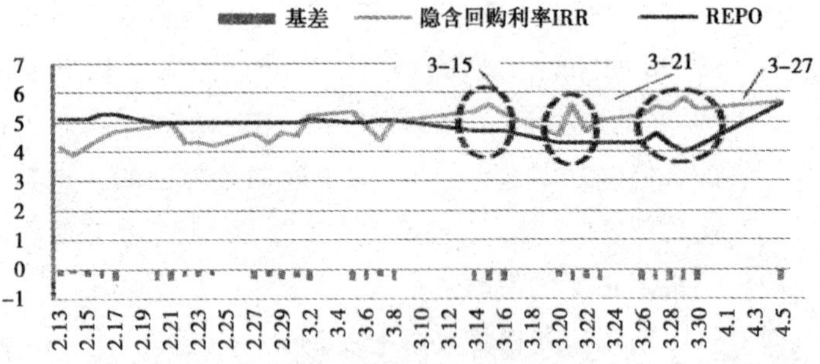

图 24　期现套利区间的判断

浅色线条为隐含回购利率水平，深色线条为同期质押式回购利率水平，隐含回购利率高于质押式回购利率的部分为期现套利区间。从图 24 可以看到在 3

月 15 日左右、3 月 21 日左右、3 月 27 日左右，TF1206 合约均出现较大的期现套利空间（见表 25）。

表 25　　3 月 27 日有关数据

3 月 27 日	现金流	6 月 13 日	现金流
1. 买入面值为 100 万的 12 附息国债 05 现券	净价：999057 元 应计利息：1775 元 全价：1000832 元	用现券交割	1037712 元
2. 以 4.5% 的利率借入保证金，卖出 1.0246 手 TF1206 合约	保证金：97.96 × 1.0246 × 10000 × 3% = 30111（元）	归还所借的钱	31466 元
净现金流入：−1000832 + 30111 + 1037712 − 31466 = 35525（元）			
收益率：35525 ÷ 1000832 = 3.55%			

当然，以上“多头可交割券 + 空头期货”的头寸不必持有到交割日，当基差收敛，套利头寸获得期望的收益时，即可对现有头寸进行对冲。期现套利空间逐渐消失，可提前进行平仓，提高资金使用效率。

国债期货在金融机构资产管理中的应用

国债期货作为一种利率风险的管理工具既可作为一种战略性武器应用于包括商业银行、保险公司、基金公司进行资产配置和风险对冲工具，它又可作为一种战术性武器运用于券商、对冲基金等金融机构进行套利、主动型资产管理、新产品开发。随着我国金融市场的深入发展，更可在未来与期权、互换等衍生工具结合，创新出更多复杂的新型策略，起到更为广泛的作用。

国债期货在金融机构中战略性的运用

1. 实现资产负债的利率风险管理

（1）商业银行中的久期管理。商业银行在应对利率风险时，经常会用到久期管理的方法来实施资产“免疫”策略。通常的做法是，针对资产与负债的不同的久期期限，在国债现货市场上买卖一定数量的国债，匹配资产与负债的久期。但在现货市场去买卖国债的操作，往往会改变资产负债表的结构。而在国债期货推出以后，实际上同样可以利用国债期货来实现久期管理，无须在现货市场中进行实物债券的买卖。由于国债期货具有杠杆交易特点，国债期货形成的久期影响在保证金运用层面上也具有显著放大效应。

按目前仿真交易中标准券的修正久期大约为4.6，由于在3%最低保证金要求下相当于3%的保证金可发挥100%期货头寸的久期影响，因此，实际保证金投入的久期影响被放大至150以上，在期货空头中也相当于保证金投入取得超出－150的负久期。

对于银行和保险等大型债券投资机构而言，在对巨额现券投资组合的日常风险管理中，可借助国债期货交易实现高效率、低成本的久期调整。这样，在需要降低债券组合的久期时，用很少的一部分资金构建国债期货空头。反之，在需要提升债券投资组合久期时，也可以平仓国债期货空头甚至反向增加国债期货空头。我们以一组数据来说明（见表26）。

表26　　国债期货的久期调整

国债期货保证金占债券投资金额比例 \ 债券投资组合起始久期	2	3	5	7	10
1%	0.462	1.452	3.432	5.413	8.383
2%	−1.046	−0.065	1.895	3.856	6.797
3%	−2.524	−1.553	0.388	2.330	5.243
5%	−5.397	−4.444	−2.540	−0.635	2.222
7%	−8.162	−7.227	−5.358	−3.489	−0.685
10%	−12.121	−11.212	−9.394	−7.576	−4.848

上表中反映出，对于中长期的债券组合，投资者只需要额外投入5%的资金用于构建国债期货空头，就可以迅速将债券与保证金总组合久期降至2左右乃至更低，由此减低了在现货市场抛券降久期的冲击影响。

（2）保险机构中的负债驱动投资（Liability-Driven Investment）策略。

①负债驱动投资策略简介。所谓负债驱动投资策略是指一种获取充足的资产来适应所有负债为主要目的投资策略。这一策略通常为负债高达几十亿的大型年金或社保基金所采用。

早在20世纪中期到90年代，美国的年金管理者通常采用一种资金驱动型的投资策略。他们建立一个资产组合来追踪市场指数，而这一策略通常与其负债关联度很小。这一策略曾经取得了辉煌的业绩。但近年来，市场由牛转熊，这种投资策略光辉不再。而同时，负债驱动型的策略逐渐成为新宠。年金管理者意识到，年金计划的目标不应当是超越其他年金基金或跑赢指数，其目标应当是能为其负债提供充足的资金。因而，负债驱动投资策略开始流行。

②久期缺口风险及期货覆盖策略（Futures Overlay Strategy）。在实施负债驱动的投资策略过程中，年金基金经理会发现，年金计划的负债结构与传统的债券组合之间有很大的区别。通常年金计划的负债久期都是在12～15年之间。而一般来说，年金经理持有的债券组合久期在4～7年左右。两者存在明显的错配，因而留有风险敞口。利率的波动会导致整个年金计划的波动。

采用期货合约覆盖的策略，可利用国债期货“搭桥”来弥补负债与资产之间久期的缺口。对于负债久期长于资产组合久期的，我们可以通过买入国债期货合约的方法来匹配两者的久期。具体调整公式如下：

$$DV01_L = DV01_A + DV01_{Futures} \times 期货合约张数$$

式中：$DV01_L$：负债的基点价值；

$DV01_A$：资产的基点价值；

$DV01_{Futures}$：国债期货合约的基点价值。

③利用国债期货的优势。通常，对于既定的年金

计划，负债结构及久期基本是一定的，其期限一般相对较长。在不使用利率类衍生产品的情况下，如果为了匹配两者的久期，年金经理在债券组合中必须持有较长期限的债券，这样其组合的流动性就会变得很差。而在运用前述的期货覆盖策略的情况下，年金管理者可建立较好流动的中短期债券组合，而利用国债期货合约来延展整个资产方的久期，来匹配整个资产与负债的久期，达到对利率变动的“免疫”。利用国债期货主要有以下几个方面的优势：保持现有资产组合配置的稳定；减少资产负债表及损益表的波动；提高资本使用的效率；头寸易于量化。

2. 基金中国债期货的资产配置功能

国债期货除了作为一种风险规避的工具为金融机构所使用外，亦可作为资产组合中的一项投资工具来优化资产组合。通常，债券与股票具备一定的负相关性。当股票市场表现不太好时，债券市场会有较好的表现。因此，在资产组合中进行一定比例程度的配置此两项资产，可有效的分散化风险。而国债期货更具有杠杆效应，可能少量保证金代替现货债券资产，可有效地分散整个投资组合的风险。

3. 开发设计新产品

利用国债期货，除了可以开发出运用国债的期现套利、跨期套利及分离 α 债券等策略的以获取绝对收益为目标的市场中性产品，还可以利用国债期货开发债券的指数化产品。由于国债期货的出现使得传统的债券投资组合中可采取对冲策略，这为剥离利率系统性风险，利用不同市场、不同合约间的定价偏差获得无风险收益提供了依据。这将使得目前的债券类产品池大为丰富，给投资者提供更多的选择。国债期货重启消息一出，便激起了各大基金公司的热情，开始针对国债期货设计相关产品，比如有的公司计划设计国债期货交易型开放式指数基金（ETF）。

国债期货在金融机构中战术性的应用

1. 在一级市场规避利率风险

国债期货可以在一级市场为债券承销商规避利率风险。由于债券发行周期较长，债券承销商如果担心未来市场利率上升导致所发行债券价格大幅下降，可以对包销期间的利率风险采取避险措施，即在国债期货市场上持有空头部位，利用期货市场上的盈利，来弥补现货市场上的损失。

2. 积极的债券组合管理策略

由于不同种类债券的市场价值同时受到利率期限

结构变化的影响，其收益率的相关性非常高。因此，可以通过卖空国债期货的方式对冲系统性风险。如果预期公司债的表现在未来一段时间将优于国债，那么就可以买入公司债，同时卖出国债期货，从而获取绝对收益。同理，如果债券管理者能够挑选出表现优于国债的一揽子债券，也可以如法炮制。这与股票投资中的绝对收益 α 类似，属于主动管理策略，其收益取决于投资组合管理者挑选证券的能力，而与市场价格的变动方向无关。

3. 利用国债期货实现指数化投资

利用国债期货来构造债券投资组合，常用于开放式基金低成本调整债券比例。由于国债期货与现货有很强的相关性，且国债期货采用保证金制度。因此，对于开放式基金，利用一定的国债期货来作为资产配置跟踪债券市场平均收益，可留出一部分现金来应该基金的赎回。同时，同样可以利用国债期货来灵活调整债券组合的权重。

4. 实现固定收益套利

作为对冲基金常用策略，固定收益套利（Fixed Income Arbitrage）策略与股票市场中性策略（Equity Market Neutral）及可转换债券套利（Convertible Arbitrage）策略同时称为相对价值策略。在固定收益套利中，通常会用到收益率差、收益率曲线、信用利差、期现利差、互换利差这样一套利策略，来寻求无风险收益。而这样一些复杂的操作中，往往都会运用到国债期货这样一种利率期货工具来实现这些策略。

5. 与其他衍生工具综合运用

从目前我国金融市场推出的利率工具来看，还显得不够完善。拟推出的国债期货仅有 5 年期一种期限，缺乏更多期限的组合。同时，像期权、互换等工具也还不具备。但如果未来更多的利率衍生品推出，则国债期货更可以与其他工具综合运用。例如：利用国债期货与相应的期权可以合成出新的看涨期权、看涨期权；国债期货与利率互换同时运用，可实现对债券利率收益曲线。

6. 债券组合基金经理的运用

债券基金经理在追求其投资组合“阿尔法”价值时，必须面临随之而来的各种风险管理。他们必须考虑如下几个方面的主要因素：投资组合的久期、收益率曲线的变动、行业风险及债券的选择。运用包括国债期货在内的利率衍生工具，能使基金经理的工作变得更加简便和有效。

①投资组合久期管理。对于债券组合投资经理而言，可在不改变债券组合原有结构的情况下，运用国债期货调整组合的久期，从而应对利率风险。具体来说，投资组合经理会在预期未来利率上升，债券价格

下跌的情况下，基金经理会选择买入国债期货扩大久期；并在预期未来利率下降，债券利率上升的情况下，基金经理会选择卖出国债期货来缩短久期。

②收益率曲线风险管理。收益率曲线风险指的是由于收益曲线斜率的变化导致期限不同的两种债券的收益率之间的差幅发生变化而产生的风险。重新定价的不对称性也会使收益率曲线的斜率、形态的变化对银行的收益或内在经济价值产生不利影响，从而形成收益率曲线风险，也称为利率期限结构变化风险。

正如债券基金经理可利用国债期货合约来管理投资组合的久期一样，国债期货合约同时也可在面临利率曲线形状发生改变时，被用于对组合进行保值甚至是增强收益。

通常而言，随着经济形式和政策因素，利率曲线可能变得更加更平缓或陡峭，这种形状的改变会使得不同期限到期的债券间的息差产生变化。精明的债券组合经理可根据对这种利率期限结构的变化，利用国债期货合约来增强组合的收益。

③行业权重调整策略。固定收益基金投资经理通常可将自己的投资范围广泛地分布于国债、企业债券、各种商业抵押债券等品种中。通常有些基金经理需要根据某一标杆或“水线”标准来匹配投资组合中各权益比例。然而，基金经理为了追求增强收益，从而需要重新调整组合的比例与份额。例如，基金经理认为公司债券在未来几个月表现会优于国债，则有可能将国债调整为公司债券。这种调整可以通过卖出国债并买入公司债券来实现。而另一种方法则可以通

过利用国债利率期货来实现这种转换。基金经理可以通过买入国债期货或卖出国债期货来降低国债的比例同时，相对增加公司债券所占的比例。利用国债期货的优势在于，这种调整不需要真正去改变现货的权重比例。同时，由于期货市场通常具有更好的流动性，因而这种调整造成的冲击成本要较现货小得多。

国债期货运用案例分析

1. 久期的管理

久期管理广泛应用于商业银行、保险机构及基金等金融机构之中。在预期利率未来有上升趋势时，资产管理者通常会缩短整个组合的久期。相反，在预期利率下降时，资产管理人可提高整个资产组合的久期。在没有利率期货品种时，为了调整久期资产管理者会在债券现货市场上采用买入或卖出现货的方式来实现整个组合久期的调整。而在国债期货出现后，则资产管理人可更方变灵活的运用国债期货来调整资产组合的久期。而这一方法在固定收益债券基金经理中更为常见。下面以一个债券基金久期调整的案例来进行说明。

【案例 24】 假定固定收益基金经理管理有市值为 1 亿的债券组合，组合的加权平均久期为 4 年。由于预期未来三个月内政府会推出降息的措施刺激经济增长，基金经理希望增加债券组合的久期从而在利率下降时，能提高债券的收益。现希望对整个组合的久期作一个短期的战术性调整，来延长整个组合的久期至4.2年，从而提高收益率。下面我们简单分析一下如何利用国债期货来实现这样一种策略。

操作步骤：

（1）确定合适的合约。通常来说，债券基金确定久期调整目标后，需要选择合适的期货合约来用作调整投资组合的工具。对于有不同期限的债券期货市场而言，如美国有5年期、10年期、30年期等多种可供选择的债券期货工具，投资组合经理需要选择一种合适的工具来用于套期保值。但由于目前我国拟推出的国债期货合约仅有5年期国债期货，因此，不存在合约品种选择的问题。但即使是这样，由于市场上同时挂牌的国债期货合约有三个不同季月合约，因为，投资经理依然需要综合考虑不同合约的流动性及套保的期限来选择不同到期日的合约来充当套期工具，实现对投资组合久期的调整。非常明显，目前整个组合久期为4年，欲提高整个组合的久期，现需买入国债期货1209合约。

（2）计算套期保值比例。在利用国债期货来对久期进行管理的时候，必须计算套期保值的比例。其中，

HR：套期保值比例；

D_{target}：目标调整久期；

$D_{current}$：当前组合久期；

$DV01_{portfolio}$：债券组合基点价值；

$DV01_{CTD}$：最便宜交割债券基点价值；

CF_{CTD}：最便宜交割债券转换因子。

$$HR=\left(\frac{D_{target}-D_{current}}{D_{current}}\right)\times\left[DV01_{portfolio}\div\left(\frac{DV01_{CTD}}{CF_{CTD}}\right)\right]$$

针对1209合约，当日对应的最便宜交割债券为08国债03（代码：080003. IB）转换因子为1.0539，每百万元债券的$DV01$值为539元。

代入公式计算出对应套保比例，得出需要买入约为4张面值为100万元的期货合约来进行调整。

（3）调整结果。

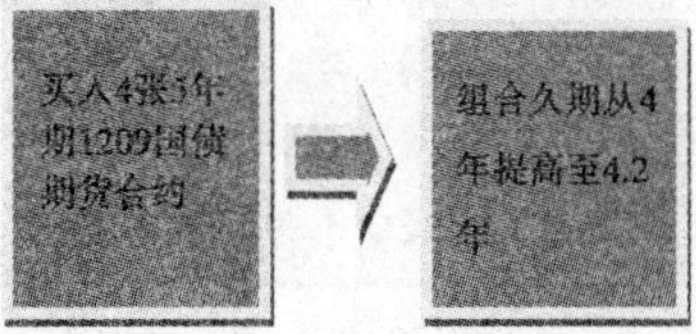

假设其后利率果然如投资基金预期，下调了100个基点，那么整个组合的市值将提高420万元，调整后的组合比调整前将多增长20万元。

2. 负债驱动策略中的应用

负债驱动型投资策略在近二三十年来已被广泛应用于保险机构的年金管理当中。尤其在2000年互联网经济泡沫破灭使得全球资本市场进入衰退以来，这一策略越来越受到企业年金这样的机构的欢迎。渐渐地，年金投资管理人把管理目标从跑赢市场指数转移到匹配年金负债上来。而国债期货同样能在这一投资策略中有用武之地。

【案例 25】 假定某年金已广泛投资于分散化的评级债券组合之中。债券组合的市值为 10 亿元，其修正久期为 3 年。债券资产的 DV01 值为 300000 元。而该年金计划同时具有的负债市值亦为 10 亿元，但负债的修正久期为 8 年，对应的 DV01 值为 800000 元。在此例中，资产与负债的 DV01 值存在缺口 500000 元。也就是说，此时存在利率风险敞口。市场利率每上升 1 个基点，整个年金计划将出现 500000 元的损失。如果上长 100 个基点，损失将高达 5000 万元。利率变化对整个年金基金影响见表 27。

表 27　　利率变化对整个年金基金影响

利率变化（基点数）	资产变化（百万元）	负债变化（百万元）	净资产（百万元）	净资产占负债比例（%）
100	-30	-80	50	5.43
50	-15	-40	25	2.6
0	0	0	0	0
-50	15	40	-25	2.4
-100	30	80	-50	4.76

为了匹配资产与负债的久期缺口，年金管理人可选择买入一定数量的国债期货合约。如果当前期货合约的 DV01 值为 539 元，调整公式如下：

$$DV01_L = DV01_A + DV01_{Futures} \times \text{期货合约张数}$$

那么根据以上公式容易算出，需买入期货合约数量为：（800000－300000）/539≈928（张）。

调整后资产利率变化情况见表28。

表28　　调整后资产利率变化情况

利率变化（基点数）	资产变化（百万元）	负债变化（百万元）	净资产（百万元）	净资产占负债比例（%）
100	－30＋（－50）5	－80	50	0
50	－15＋（－25）	－40	25	0
0	0	0	0	0
－50	15＋25	40	－25	0
－100	30＋50	80	－50	0

从上面可以看出通过利用国债期货“搭桥”可以使得负债与资产的久期达到匹配。但由于我国目前推出的国债期货合约最长存续期仅为一年。因此，在这一过程中，需要注意合约的及时移仓，将临近到期的合约转移到远期的合约中去。

国债期货的经验与启示

境外国债期货市场

由于国债期货在服务于实体经济时的重要作用，世界上主要发达国家都推出了相应的国债期货。下面将介绍几个主要市场的国债期货交易情况。

1. 美国国债期货市场

（1）交易情况。美国国债的现货市场十分发达，国债发行规模大、品种丰富、期限结构和持有者结构合理、流通量大，因此，国债期货交易很活跃。

美国的国债分为短期、中期和长期三种，与此相对应，国债期货合约也分为短期、中期和长期。目前，美国中长期国债期货交易主要有 2 年期、5 年期、10 年期和 30 年期四个品种，短期国债交易主要有3个月期美国国库券期货。美国国债期货市场在全球利率期货市场中占有非常重要的地位。从交易量来看，由于中长期国债对利率波动的敏感性较大，因此，其交易量远比短期国债期货交易大。

从利率期货品种在各交易所的分布情况来看，在美国，国债期货交易主要集中在芝加哥期货交易所（CBOT）和芝加哥商业交易所（CME）。在这两个交易所中，CBOT主要集中于长期利率期货，CME则致力于短期利率期货交易。尽管其他一些交易所也希望分享这个市场，但这两个交易所的交易额占全美国交易额的98%～99%以上，在市场占绝对垄断地位。

（2）美国国债期货交易的管理体系。美国国债期货交易的管理体系是政府监管、行业协调组织管理和期货交易所自我监管的三级管理模式。

2. 英国国债期货市场

（1）交易情况。1982年9月30日，伦敦国际金融期货交易所（LIFFE）开始正式营业，并于同年开始经营政府债券期货。从这以后，英国的国债期货交易得到了长足发展，很快成为美国之外的最大的国债期货和期权市场。

1992年3月31日，伦敦期权市场与LIFFE合并成一家交易所伦敦国际金融期货和期权交易所，简称为LIFFE，从而进一步增强了它在国际金融市场的竞争地位。LIFFE的国债期货品种主要有：长期金边债券（Long Gilt）期货合约、5年金边债券期货合约、德国政府债券（Germany Government Bond/Bund）期货合约、意大利政府债券（BTP）期货合约、日本政府债券（JGB）期货合约等。英国国债的发行方式一般采用公开拍卖及非公开两种。公开拍卖是由英格兰银行公告发行条件和拍卖底价，国债交易商依照规定参与投标；非公开发行是由英格兰银行发行部购入全部所发行的国债，这些保存在英格兰银行投资组合中的债券，视金融市场需要，随时通过与国债交易商交易投入二级市场。英国中央政府债务占 GDP 比例自 2001 年以来稳步上升，这也为国债期货市场的交易提供了充足的流动性。

从合约的历史交易状况来看，1987 年之前英国的国债发行量仅次于美国和日本，使得英国的国债期货成为 LIFFE 交易最活跃的期货合约。然而从 1988 年起，英国政府开始减少国债的发行并从债券市场上回购国债，降低了二级市场的流动性，致使英国国债期货的交易量萎缩。受 1998 年、2008 年两次金融危机影响，国债期货的成交量、持仓量和成交额都有大幅度的下降。

（2）英国的国债期货市场的特点。英国的国债期货交易在专门的金融期货交易所进行。美国的 CBOT 和 CME 是传统的商品期货交易所兼营金融期货业务，对金融期货的风险控制没有 LIFFE 严格。比如 LIFFE 规定，合约卖方必须在期货市场收市后 15 分钟内发出交割通知，而 CBOT 规定的时限是 6 个小时。

LIFFE 国债期货市场的投机性远远小于 CBOT 国

债期货市场。1996年LIFFE吞并了伦敦商品交易所，交易品种中新增添了气象期货合约和农产品期货合约。这是LIFFE产品多样化发展的结果，但LIFFE仍是一个以金融期货交易为主的交易所，其风险控制和结算方式并没有任何改变。

以中长期国债期货为主，缺少短期国库券期货合约。英国政府债券以5年以下为短期债券，一年以内的国库券发行量和流通量很小。由于伦敦是欧洲货币和欧洲债券业务的中心，LIFFE的3个月EURIBOR、LIBOR、EUROYEN等短期利率产品十分成功，占欧洲短期利率市场的98%以上，为短期利率和汇率风险提供了更为便利和低廉的避险和套利机会，短期债券期货失去了存在的必要性。

国债期货品种国际化，除了长期金边债券期货，LIFFE的主要国债期货品种是德国、日本、意大利的政府债券期货合约。LIFFE从建立之初就致力于拓展国际化业务，这既是伦敦作为国际化离岸金融中心的需要，也是LIFFE力图后来居上，与CBOT竞争的手段。

（3）监管体系。与美国国债期货市场的监管体系一样，英国的期货市场管理也采用“三级管理”方式，即政府监管、行业自我监管和交易所自我监管相结合。与美国不同的是，美国是强调政府干预并通过加强立法来管理期货市场，而英国是以自我监管为主，政府干预较少，除一些必要的国家立法外，英国的期货市场完全由期货交易所及行业协会等组织来保证期货交易的正常运行。此外，英国的结算公司是独立于期货交易所的，而美国的期货交易所有自己的结算部门。

3. 德国的国债期货市场

（1）交易情况。德国国债是德国证券市场上流通性最强的债券，期限一般在 1 到 10 年。1986 年，德国开始发行 30 年期国债。德国债券二级市场交易是场内集中交易和场外市场交易双轨并行。

20 世纪 90 年代以来，德国联邦银行严格控制货币供应量以防止通货膨胀，德国的债券市场利率居高不下，因而吸引了大量的外国法人投资者，其所持债务总量仅次于德国金融机构。德国自 2000 年以来债务占 GDP 比例稳步上升，为国债期货市场提供了充足的现货交易。

（2）监管体系。在法律监管方面，德国非常重视对国债期货市场的监管，加强法制建设，先后通过《交易所法》和《二级金融市场促进法》，同时成立唯一的国家证券期货监管机构联邦证券监督办公室。

4. 日本国债期货市场

日本是亚太地区最大的国债市场，也是仅次于美国的全球第二大国债市场。1975 年以来，日本政府通过大量发行国债筹集资金，以增大公共开支刺激国内需求。为缓解偿还压力，构造合理的收益曲线，日本国债的偿还期限逐步多样化，包括 20 年期的超长期政府债券、10 年期中长期政府债券（JGB）以及 2、3、4、6 年期的中期政府债券等。其中，除 6 年期中期政府债券为折现发行的零息国债，其余品种均采取付息方式发行。

日本国债的二级市场十分活跃，特别是作为指标国债的 10 年期政府债券成交量远远超出其他期限国债。由于大量外国投资者持有日本国债，日本国债在国际债券市场上交投也十分活跃。

国债的大量发行，加速了利率的自由化进程。受 20 世纪 70 年代以来石油危机、经济低增长、财政赤字扩大等因素的影响，日本国内金融市场的利率波动幅度频繁，也由此导致债券价格的大幅波动，增加了债券持有者的风险，民间要求开放国债期货交易以便对其持有的大量国债进行保值的呼声也日趋强烈。就在日本《证券交易法》对金融期货交易仍施加诸多限制的时候，欧美国家的金融期货交易正在迅速扩展，日本已远远落后于这些欧美国家。日本政府终于意识到开展期货交易的迫切性，面对国内外的压力，大藏省于 1985 年 6 月修改了《证券交易法》，批准开办国债期货交易。此后，日本的国债期货市场发展迅猛，并进一步推动了其他金融期货交易品种的开放。日本短期利率期货（欧洲日元期货）和其他金融期货品种在东京国际期货交易所（TIFFE）上市，而中长期国债期货主要在东京股票交易所（TSE）交易，这种期货与现货在同一市场交易，在同一系统清算的交易模式是日本国债期货交易的重要特点，为市场参与者提供了最为直观的基差比较，同时降低了交易者在现货、期货两个市场进行联动交易的成本，减少了交割风险，提高了金融市场的流动性。

2001 年 4 月，东京股票交易所引进日本政府债券期货的基差交易和大宗交易，保证了现货交易和期货交易的同时进行，以及大宗交叉交易的顺利执行。基差交易的进行将东京股票交易所的期货市场和现货市场，以及场外交易市场（OTC）市场紧密联系在了一起，进一步增强了市场流动性，实现了价格发现功能。而大宗交易使得交易者可以同时执行同一交易月份的日本政府债券期货的大额（100 份合约以上）买卖定单，而不必到拍卖市场公开竞价。1985 年 10 月，东京股票交易所推出日本第一种金融期货合约——10 年期日本政府债券期货合约。由于满足了大量持有 10 年期日本政府债券现货的投资者保值的需要，10 年期日本政府债券期货市场迅速扩张，成为世界上交易量最大的期货品种之一。10 年期日本政府债券期货最重要的特点是形成了一个高度国际化的市场，它不仅是东京股票交易所的主要期货品种，而且在世界主要期货市场上交易也十分活跃。这主要是由于 10 年期日本政府债券现货流动性强，价差窄，吸引了大量国际机构投资者参与交易，从而形成了国际性的避险需求。不过，东京股票交易所仍是 10 年期日本政府债券期货最主要的交易场所。

1988 年 7 月，20 年期日本政府债券期货上市。为满足中期国债套期保值的要求，1996 年 2 月，东京股票交易所推出 5 年期日本政府债券期货。

我国国债期货的发展

1. 我国国债期货尝试与夭折

新中国首个国债期货品种于1992年12月在上海证券交易所挂牌。当时主要目的是为了活跃国债现货市场。我国国债期货试点阶段可以细分为三个阶段，试点初级阶段（1992～1993年）、交易活跃阶段（1994年）以及试点失败阶段（1995年）。1993年12月，北京商品交易所在期货交易所中率先上市国债期货品种。从1994年开始，国债期货快速发展，成交金额超过同期的股票市场。1994年当年上海证券交易所国债期货成交金额达2.3万亿元，到1995年最多有14家相关机构上市国债期货品种。在国债期货市场飞速发展的同时，各种制度缺陷和其他原因导致的风险因素也在不断积累，终于导致了1995年2月发生的“3·27”国债事件。之后，虽然管理层严格规范了国债期货市场的运作行为，补充完善了相关制度，加大了管理力度，但市场的先天不足和过度弥漫的投机气氛再次导致1995年5月的“3·19”违规事件发生。1995年5月17日，中国证监会下达了暂停国债期货交易的通知，中国国债期货市场历经两年多的实验性运行后告一段落。

2. “3·27”国债期货事件

327是一个国债的产品，兑付办法是票面利率8%加保值贴息。1995年，国家宏观调控提出3年内大幅降低通货膨胀率的措施。到1994年底、1995年初，通胀率已经被调控下调了2.5%左右。在1991～1994间，中国通胀率在一直居高不下的这3年里，保值贴息率一直在7%～8%的水平上。根据这些数据，时任万国证券总经理，有中国证券教父之称的管金生预测，327国债的保值贴息率不可能上调，即使不下降，也应维持在8%的水平。按照这一计算，327国债将以132元的价格兑付。因此，当市价在147～148元波动的时候，万国证券联合辽宁国发集团，成为了市场空头主力。

1995年2月23日，财政部发布公告，327国债将按148.50元兑付，空头判断彻底错误。当日，中国经济开发有限公司（简称中经开）率领多方借利好大肆买入，将价格推到了151.98元。随后辽宁国发集团在形势对空头及其不利的情况下由空翻多，将其50万口做空单迅速平仓，反手买入50万口做多，327国债在1分钟内涨了2元。这对于万国证券意味着一个沉重打击——60亿人民币的巨额亏损。管金生为了维护自身利益，在收盘前8分钟，作出避免巨额亏损的疯狂举措：大举透支卖出国债期货，做空国债。下午16时22分，在手头并没有足够保证金的前提下，空方突然发难，先以50万口把价位从151.30

元轰到 150 元，然后把价位打到 148 元，最后一个 730 万口的巨大卖单把价位打到 147.40 元。而这笔 730 万口卖单面值 1460 亿元。当日开盘的多方全部爆仓，并且由于时间仓促，多方根本没有来得及有所反应，按收盘价计算，以中经开为代表的多头，则出现了约 40 亿元的巨额亏损。

2 月 23 日晚上十点，上交所在经过紧急会议后宣布：23 日 16 时 22 分 13 秒之后的所有交易是异常的无效的，经过此调整，当日国债成交额为 5400 亿元，当日 327 品种的收盘价为违规前最后签订的一笔交易价格 151.30 元。这也就是说，当日收盘前 8 分钟内多头的所有卖单无效，327 产品兑付价由会员协议确定。这一决定，使万国证券的尾盘操作收获瞬间化为泡影。万国证券亏损 56 亿元，濒临破产。

3. “3·27” 事件的分析

（1）没有市场化利率

国债期货是规避利率风险的金融工具。从国际惯例来看，国债利率市场化是国债期货市场发展的必要条件。我国国债期货推出期间利率一直由政府决定，国债利率以同期银行储蓄存款的利率水平为参照上浮一两个百分点。国债期货作为利率期货的一种，没有利率的自由变动也就几乎失去了其套期保值规避利率风险的功能，而当时影响国债价格变化的主要因素为通货膨胀和保值贴补，致使国债期市受政策、信息影响过大，加大了政策性风险，直接助长了过度投机。

(2) 流动性不足

从市场容量来看，市场容量太小是当时国债期货市场的主要矛盾之一。表现在两个方面：一是国债现券的总体规模太小，可以上市流通的债券数量太少。在我国国债期货试点过程当中，先后发生过“3·14”、“3·27”、“3·19”等三次国债期货风险事件，“多逼空”是其共同的特点。1994年和1995年国债发行总量不过1000亿，其中约3/4不可上市流通，这直接导致期货市场可供交割量十分有限，致使“多逼空”不断上演，助长了投机行为。二是现货市场债券期限结构单一使得国债期货市场产品品种缺乏，投资者难以通过合理搭配期限来降低风险。

(3) 没有完善的监管体制

“3·27”国债期货风波的产生虽有其突发性的“政策风险”因素，但各证券、期货交易所资金保障系统和交易监督管理系统的不健全也是“违规操作”得逞的原因。在风险监管机制的设计方面：其一，过低的保证金水平（2.5%）与国际通行标准相距甚远，甚至不如国内当时商品期货的保证金水平，无疑成为国债期货投机气氛过浓的诱因。其二，上证所采用的是“逐日盯市”而非“逐笔盯市”的清算制度，也就是说，交易所是要用前一日的结算价格和静态的保证金制度控制当日的动态价格波动，这显然是达不到监管目的的，这使得“3·27”空方主力违规抛出千万手合约的“疯狂”行为得以实现。其三，没有涨跌停板制度。涨跌停板制度是国际期货界通行的制度，而“3·27”国债期货风波出现之时，当时的上交所甚至没有采取这种控制价格波动的基本手段。

从各方面情况来看，当时我国尚不具备开展国债期货交易的基本条件。“3·27”事件后，尽管各方人士还在努力维持国债期货市场，但市场规律是客观的，国债期货市场的暂时关闭是必然的选择。

国内外国债期货的国际经验及启示

1. 注重国债现货市场的培育完善

国债期货交易是在发达国家国债现货市场发育成熟的前提下，为了规避国债利率风险而产生的，并随着发达国家国债现货市场的不断完善而发展。可见，国债期货不是独立存在的，它是一种国债衍生产品，是建立在国债现货市场的基础之上的。具体表现在：国债现货规模直接制约了国债期货交易的规模；合理的国债品种结构有利于国债期货品种的开发和国债期货的交割；国债现货市场利率市场化以及由此产生的利率波动风险是国债期货交易存在的基础，国债期货价格是对未来国债现货价格的预期，而这种预期主要是建立在国债现货市场利率走势的基础上的。国债现货市场充分的流动性能使国债期货价格在较为合理的价位上波动，从而抑制国债期货市场的过度投机。

因此，中国发展国债期货交易应关注国债现货市场的培育和完善。具体包括两方面：一是加快国债现货市场的发展步伐，为重推国债期货交易创造积极有利的条件在重新推出国债期货交易后也应根据国债期货市场的发展需要进一步完善国债现货市场，从而建立一个发达的国债期货市场。二是发展国债现货市场应从国债规模发行量和流通量国债品种结构、国债期限结构包括剩余期限结构、国债发行方式国债交易方式、国债持有结构、国债管理制度等多方面人手，使之形成合力，促进国债现货市场的全面发展，最终建立一个发达的国债现货市场。

2. 设计科学合理的国债期货合约

国债期货合约是交易所制定的在将来某一特定地点和时间交收以国债为标的物的高度标准化的合同，是国债期货交易的载体和媒介。它对国债期货交易做了最基本的原则规定，使该交易能按合约规定的条款有序进行。如果国债期货合约设计不科学不合理，就会导致国债期货市场过分投机风险增大，市场秩序混乱，甚至会导致国债期货市场的关闭。因此，重推中国国债期货交易应借鉴国际成功经验，设计科学合理的国债期货合约。一是根据国债现货、期货市场交易规模、参与者资金实力、合约价格波动性等因素确定交易单位；二是根据国债种类、市场价格波动状况和商业习惯等因素确定最小变动价位；三是短期国债期货合约应以指数方式报价，以符合低价买进、高价卖出的报价习惯；四是短期国债期货合约到期交割时可不限于标的国债，只要剩余期限和标的国债期限相同也可交割；五是中长期国债期货合约应以虚拟国债为标的物，当合约到期时，卖方可用于交割的国债并不限于这一标准化债券，只要该债券在期限上满足一定条件均可用于交割，这就需要利用转换系数进行换算。

3. 加强风险管理

国债期货市场是一个高风险市场，其风险来自客户缺乏风险意识、保证金交付中的风险、期货经纪商和会员在代理中的风险、赤字结算风险以及市场风险等几个方面。针对上述风险，发达国家十分重视风险管理，一般建立了政府监管、行业自律和交易所三级监管体系。其中，政府监管应发挥克服市场失灵弥补市场缺陷的作用，主要通过国债期货的审核和监督保证期货交易的合法性，防止垄断、操纵、欺诈、内幕交易等违法行为的发生，维护国债期货市场的正常运行。行业协调组织应以“行业自治、协调和自我管理”方式对市场参与者的素质和行为加以规范，以发挥期货市场的功能，建立公平竞争的有效市场。期货交易所应在遵守有关法规条例，自觉接受政府监管的基础上对交易所内的一切交易活动行使监督、管理、实施和保障等职能，成为风险管理中最基本的管理与执行机构。

4. 完善信息披露制度

国债期货市场的信息是指通过各种媒体反映出来的与国债期货交易活动有关的各种消息、信号、数据等的总和。它包括与市场建设有关的信息内容，与交易活动有关的信息内容以及与国债期货交易有关的社会公众信息内容等。国债期货交易活动实质上是信息的产生、流通与消化的过程，没有及时、准确、完整的信息，就没有合理的分析和正确的判断，交易行为的变化就会失去其合理性和说服力，国债期货市场所产生的价格就容易失真，国债期货市场的功能得不到发挥，也就失去其存在的价值。只有在重视信息的前提下，通过实行强制信息披露制度，实行规范化的信息传播制度，公开市场各类信息，才能切实保证每个投资者平等享有信息的权利，既有利于国债期货市场功能的发挥，促进市场的稳定发展，又有利于各级监管部门对市场操纵行为进行监管，保护中小散户的利益，为落实市场“三公”原则创造条件。因此，重推中国国债期货交易应注重完善信息披露制度，及时向投资者传递当日成交数量、价格、未平仓合约数量等各方面的信息。

5. 大力发展机构投资者

机构投资者对于国债期货市场的发展具有十分重要的作用。首先，市场容量的大小是衡量一个市场是否成熟的标志之一，由于机构投资者拥有稳定庞大的资金，能影响国债期货市场的规模和资金总额，因此，机构投资者的壮大对于扩大期货市场的容量具有重要作用。其次，国债期货市场是一个专业性强、风险大、收益高的市场，这对于一般中小投资者介入国债期货市场形成障碍，在一定程度上影响了国债期货市场的发展。而发达的机构投资者不仅可以消除中小投资者入市障碍，还能为中小投资者增加新的投资渠道。第三，机构投资队伍的发展壮大带给市场的不仅是增量资金，更重要的是投资理念的变化。机构投资者客观理性的操作理念一旦主导市场，期货行情趋势的变动将更加贴近和反映现货基本面，从而使期货市场的功能得到进一步发挥。最后，理性的机构投资者在资产组合管理时积极参与国债期货市场，成为套期保值的主体，从而有利于国债期货市场的稳定。因此，重推中国国债期货交易应大力发展机构投资者，使其成为国债期货市场的最主要的交易主体。

6. 注重国债期货市场法律法规的建设

若要维护国债期货市场的健康发展，保证市场的流动性，使市场能够发现价格并分散风险，就必须吸引足够多的各种类型的投资者，增强他们对于期货市场公正性的信心，而信心的建立需要有完善的期货交易法律体系作为后盾。这种法律体系能使国债期货交易依法进行，保证了期货市场的有序性和高效性。中国发展国债期货交易应借鉴国际经验，快速建立起适合于国债期货市场发展的法律体系，以国家期货交易管理法规作为各级期货交易管理机构进行监督和管理的基本依据，发挥监控和指导作用，同时，以期货交易规则、条例来对国债期货交易活动起运转保证作用。